हम बच्चे हिंदुस्तान के

(मंचन योग्य ग्यारह बाल नाटक-एकांकी)

गिरीश पंकज

डायमंड बुक्स

www.diamondbook.in

प्रकाशक : **डायमंड पॉकेट बुक्स (प्रा.) लि.**
X-30 ओखला इंडस्ट्रियल एरिया, फेज-II
नई दिल्ली-110020
फोन : 011-40712200
ई-मेल : wecare@diamondbooks.in
वेबसाइट : www.diamondbooks.in
संस्करण : 2025
मुद्रक : रेप्रो (इंडिया)

Hum Bachche Hindustan ke
by : *Girish Pankaj*

समर्पण

संभावनाओं से भरे प्यारे
और होनहार बच्चों को
समर्पित

दो शब्द

रंगकर्म मेरा पहला शौक रहा है। बचपन से ही नाटक मंचित करता रहा। अनेक नाटक लिखे और स्कूल में मंचित भी किए। गणेश उत्सव के समय अपने लिखे नाटक खेलता रहा। कॉलेज पहुँचा तो वहाँ भी वार्षिक उत्सवों में अपने लिखे नाटक भी मंचित करता रहा। मनेंद्रगढ़ शहर के वंदना थियेटर नामक संस्था से जुड़कर अनेक नाटकों में अभिनय भी किया। हबीब तनवीर जैसे विश्व प्रसिद्ध नाटककार के दस दिवसीय रंग शिविर में शामिल होकर रंगकर्म की बारीक बातों को सीखने का सौभाग्य मिला। कॉलेज के बाद रंगकर्म का सिलसिला थम-सा गया, लेकिन नाटक लिखने का क्रम जारी रहा। मैंने मित्रों के आग्रह पर बच्चों के लिए एकांकी लिखे, दो बड़े नाटक भी लिखे जो इस संग्रह में शामिल हैं। इन सबका मंचन भी हुआ। ये कुछ पत्रिकाओं में छपे भी।

बच्चों के लिए लिखते वक्त इस बात का ध्यान रखता हूँ कि वे केवल नाटक ही न रहें, संदेश भी दें। आज़ादी की अमर कहानी नामक नाटक के माध्यम से बच्चे आज़ादी के संघर्ष को समझ सकेंगे। हम बच्चे हिंदुस्तान के नामक नाटक के माध्यम से गरीब बच्चों में आत्म विश्वास को जाग्रत् करने की कोशिश की। बच्चों के लिए लिखना मेरे लिए एक मिशन रहा है। चाहे उनके लिए कविताएँ लिखूँ या नाटक।

मुझे पूरा विश्वास है कि इस संग्रह में शामिल ग्यारह नाटक-एकांकी बच्चों को पसंद आएँगे। रंगकर्मी इनका सफल मंचन भी करवाएँगे। डायमंड बुक्स के निदेशक मेरे शुभचिंतक नरेंद्र कुमार वर्मा जी से पिछले दिनों जब बाल नाटकों के बारे में बात हुई तो उन्होंने कहा कि हम इसे छापेंगे। उनका हार्दिक आभार।

अंत में निवेदन है नाटकों को मंचित करने वाले कलाकारों और निर्देशकों से कि जब कभी मेरे बाल नाटकों का मंचन करें तो सूचित ज़रूर करें।

–गिरीश पंकज

कृष्ण-कुटीर, सेक्टर-3, एच.आइ.जी.-2, घर नंबर-2

दीनदयाल उपाध्याय नगर, रायपुर- 492010

मोबाइल: 8770969574

विषय सूची

(1)

आज़ादी की अमर कहानी

पात्र परिचय

(1) आदमी -1

(2) आदमी - 2

(3) आदमी - 3

(4) आदमी - 4

(5) अंग्रेज - 1

(6) अंग्रेज - 2

पात्रों की कमी हो तो अंग्रेज, चंद्रशेखर आज़ाद, नेताजी, गांधी जी आदि की भूमिका आदमी 1, 2, 3, 4 भी निभा सकते हैं। वैसे इन चरित्रों के लिए अलग-अलग पात्रों की व्यवस्था हो सके तो अति उत्तम।

- ढोल-मंजीरा, नगाड़ा बजाने वाले अलग से लाएं अथवा कलाकारों से ही तैयार कर लें।
- **अन्य सामग्री :** एक लम्बा डंडा, तिरंगा झंडा। नारेवाली तख्तियां।
- संसाधन हों, तो यह पूरा नाटक भरपूर साज-सज्जा के साथ भी किया जा सकता है। तब और प्रभावशाली हो जाएगा।

विशेष आग्रह

(1) *कलाकार खादी के सफेद वस्त्र में हों तो बेहतर। कमर पर हरे रंग के कपड़े की पट्टी और सिर पर लाल पट्टी बंधी हो। तिरंगे झंडे का आभास भी होगा और परिधान भी एक-सा रहेगा। अगर नाट्य दल सक्षम हो तो सारे पात्र डेढ़ सौ वर्ष पहले के पहरावे को भी जीवंत कर सकते हैं। पात्रों के अनुसार साज-सज्जा की जा सकती है। अंग्रेज पात्र अंग्रेज की तरह मेकअप में भी हो सकते हैं। यह केवल सुझाव है। निर्देशक अपनी सुविधा के अनुसार वस्त्र और परिवेश बनाने के लिए स्वतंत्र है।*

(2) *निर्देशक अपने विवेक से नाटक में संशोधन चाहे तो कर सकता है। खासकर घटनाएं और स्वतंत्रता सेनानियों के नाम जोड़े-घटाए जा सकते हैं। यह नाटक एक तरह से आधार है।*

(3) *कुछ निर्देश नाटक के बीच में भी हैं। उसे सावधानी से पढ़ें।*

(सारे कलाकार डफली, ढोलक और मंजीरे के सहारे देशभक्ति वाला कोई गीत गाते हुए प्रवेश करते हैं।)

गीत- ***सारे जहाँ से अच्छा हिन्दोस्ताँ हमारा,***
हम बुलबुले हैं इसकी,
ये गुलसिताँ हमारा-हमारा।
सारे जहाँ से अच्छा...

(गीत गाने के बाद सारे कलाकार दर्शकों में शामिल हो जाते हैं। सूत्रधार 1 गुनगुनाते हुए दर्शकों के सामने आता है।)

सूत्रधार-1 : हम लाए हैं तूफान से कश्ती निकाल के, इस देश को रखना मेरे बच्चों संभाल के। हम लाए हैं।

सूत्रधार-2 : *(सामने आते हुए)* ये का गुनगुना रहे हो भइया? गाना हो तो गाना गाओ *(मटकते और चीख कर फिल्मी गीत गाते हुए)* कांटा लगाऽऽ हाय लगा...

आ जा राजा, बंगले के पीछे मेरी बेरी के नीचे, हाय रे पिया... हाय रे पिया। कांटा लगाऽऽऽ। ये क्या कि हम लाए हैं तूफान से कश्ती निकाल के, इस देश को रखना मेरे बच्चों संभाल के। हुंह, ये भी कोई गाना है? *(दर्शकों की ओर देखते हुए)* मनोज कुमार कहीं का...

सूत्रधार-1 : *(मुस्कराते हुए)* इसीलिए बोलते हैं बेटे, कुछ अच्छा साहित्य भी पढ़ा करो। इससे सोच अच्छी होगी। सोच अच्छी होगी तो दृष्टि में दोष नहीं आएगा। दृष्टि में दोष नहीं आएगा, तो तुझे मनुष्य योनि में आने का अफसोस नहीं होगा।

सूत्रधार-2 : क...क्या मतबल? बड़े भारी-भरकम डायलॉग फेंक रहे हो?

सूत्रधार-1 : अरे, मतबल ये बचवा कि थोड़ा देश और समाज की भी सोचो। आज़ादी की लड़ाई के डेढ़ सौ साल हो चुके हैं। कुछ उस दौर की बात करो।

सूत्रधार-2 : *(आँखें मलते हुए)* बाप रे, इत्ते साल हो गए? ये ल्लो, हमको तो मालूम ही नहीं था। और आज़ादी के लिए कोई लड़ाई-उड़ाई भी हुई थी, ये तो आज पता चल रहा है हमको!

सूत्रधार-1: *(हँसकर माथा ठोंकते हुए)* तुमको तो बस...यही मालूम रहता है कि कौन-सी टॉकीज़ में या कौन-से मॉल में कौन-सी फिल्म लगी है! क्यों, है न?

सूत्रधार-2 : *(शरमाते हुए)* भइयाऽऽ, आप तो बस सबके सामने हमारी पोल खोले दे रहे हैं। ठीक है, हमको नहीं मालूम तो नहीं मालूम! तुम ही बता दो, क्यों भाइयों! तो भाई जी, कुछ ज्ञान बढ़ाओ। चमत्कार-फमत्कार दिखाओ। कुछ नाटक-नौटंकी के सहारे समझाओ तो! तभी तो इस खाली खोपड़िया में कुछ घुसेगा भीऽऽ!

सूत्रधार-1 : ठीक कहते हो तुम। तुम चमत्कार को नमस्कार करने वाले हो न! तो लो, दिखाता हूं चमत्कार और ले चलता हूँ तुम्हें डेढ़ सौ साल पहले। यानी सन 1857 में। तोऽऽ ध्यान से देखो- तुम पहुँच गए हो 1857 में। ...छू काली कलकत्ते वाली... तेरा वचन न जाए खाली!

(जादूगर की तरह हाथ लहराता है। ढोल या नगाड़े की थाप। सूत्रधार किनारे खड़े हो जाते हैं।)

सूत्रधार 2: खाली तख्ती लेकर एक चक्कर लगा कर उसे किनारे रख देता है। तख्ती पर लिखा है- जून, 1857 का एक दिन।

आदमी-1 : बहुत हो गया अब। ढाई सौ साल से झेल रहे हैं हम इन फिरंगियों को। व्यवसाय करने के लिए आए थे और पूरे देश पर राज करने लगे। याद है न,

सर टॉमस रो ने क्या कहा था!

आदमी-2 : हाँ, काहे याद नहीं है! उसने जहांगीर से कहा था *(आवाज़ बदल कर थोड़ी-सी मसखरी की शैली में)* सर, हम बिज़नेस के वास्ते थोरी-सी जगह मांगटा। कुछ डिन बाद हम लौट जाएगा। प्रॉमिस! हमको थोरी-सी जगह दे दो प्लीज़! *(सामान्य आवाज़ में)* उसकी चिकनी चुपड़ी बातों में आकर जहांगीर ने जगह दे दी। उसके बाद तो टॉमस रो अपने पूरे कुनबे को ले आया। और फिर घुसते ही चले गए फिरंगी, बिल्कुल टिड्डी दल की तरह।

आदमी-1 : और हम को ही गुलाम बना लिया। हम लोगों की आपसी फूट और स्वार्थ ने। लेकिन अब इन फिरंगियों के खिलाफ बगावत शुरू हो गई है। लोग एक होने लगे हैं भइया। *(जेब में हाथ डाल कर एक अखबार निकालता है। एक डमी अखबार बना लिया जाए। उसमें अलग से कंपोज़ करके लिखा या चिपकाया गया हो- पयामे आज़ादी)* देखो, पयामे आज़ादी में अजीमुल्ला जी की कितनी प्यारी कविता छपी है। अब लोग इसे जगह-जगह गा रहे हैं। चलो, हम लोग मिल कर इसे गाएं और अपने भीतर देश प्रेम का जज़्बा पैदा करें।

आदमी-2 : हाँ-हाँ। मैंने भी इस कविता के बारे में सुना है। चलो मिल-जुल कर गाते हैं- *(कलाकार गाते हैं- इस गीत का सस्वर गायन हो सके तो अधिक प्रभाव पड़ेगा।)*

गीत-

हम हैं इसके मालिक हिंदुस्तान हमारा,
पाक वतन है कौम का जन्नत से भी है हमको प्यारा।
हिंदू, मुसलिम, सिख हमारा, भाई-भाई प्यारा,
यह है आज़ादी का झंडा इसे सलाम हमारा।
आया फिरंगी दूर से, ऐसा मंतर मारा,
लूटा दोनों हाथों से, प्यारा वतन हमारा।
आज शहीदों ने है तुमको अहले वतन ललकारा,
तोड़ो गुलामी की जंजीरें, बरसाओ अंगारा।
हम हैं इसके मालिक हिंदुस्तान हमारा।

आदमी-1 : वाह, क्या गीत है। इसे हम घर-घर तक पहुंचाएंगे। सचमुच अब अंगारे बरसाने का समय आ गया है। ये अंग्रेजों को जितना लूटना था, लूट चुके। अब और नहीं सहेंगे। मंगल पांडे जी ने तो आज़ादी के लिए सबसे पहले

विद्रोह करके ऐसा वातावरण बना दिया है कि मत पूछो। बगावत का झंडा उठा कर उन्होंने अपनी जान दे दी। अब जगह-जगह राष्ट्रीय विद्रोह शुरू हो गया है। हम लोग भी पीछे नहीं रहेंगे।

आदमी-2 : लेकिन भइया, कुछ फिरंगी कह रहे थे कि वह तो सैनिक विद्रोह था, जिसे कुचल दिया गया है।

आदमी-1 : *(व्यंग्यभरी मुसकान के साथ)* फिरंगी तो ऐसा कहेंगे ही न! अरे, सोचो तो, सैनिक विद्रोह होता तो केवल मेरठ की छावनी में ही होकर रह जाता। फिर वह दिल्ली में क्यों हुआ? लखनऊ में क्यों हुआ? कानपुर में क्यों हुआ? एक जगह होता विद्रोह! जगह-जगह क्यों हुआ! इसलिए कि अब बूढ़े भारत में जवानी आ गई है। अपनी पुरानी तलवार चमक उठी है। अरे, हमारे कुछ साथी अति उत्साह में आ गए और समय से पहले ही विद्रोह कर दिया, वरना तुमको तो पता है कि 31 मई को पूरे देश में एक साथ विद्रोह करने की बात थी। अपन भी तैयार बैठे थे। रोटी और कमल बांट कर सबको बता दिया गया था कि एक साथ विद्रोह करेंगे और फिरंगियों का जीना हराम कर देंगे। लेकिन क्या करें? मंगल पांडे भइया फिरंगियों का अन्याय बर्दाश्त नहीं कर पाए और मार्च में ही बगावत कर दी। खैर, उसके बाद अब तो जगह-जगह विद्रोह होने लगे हैं।

आदमी-2 : हाँ भइया, हिंदू-मुसलमान दोनों कंधे-से-कंधा मिला कर लड़ रहे हैं।

आदमी-1 : और यही देख कर अंग्रेज घबरा रहे हैं। वे तो फूट डालने की पूरी कोशिश कर रहे हैं, लेकिन अज़ीमुल्ला की शायरी और बहादुरशाह ज़फर के घोषणा पत्र ने हम सबको जोड़ दिया है। क्यों!

आदमी-2 : हें..हें..हें, भइया, हम ठहरे अँगूठा छाप! बहादुरशाह ज़फर का घोषणा पत्र क्या है, पढ़ कर तो सुना दो!

आदमी-1 : इसीलिए मैं कहता हूँ कि अक्षर ज्ञान प्राप्त करो। बचपन में गिल्ली-डंडा खेलते रहे, जवानी में दिन भर चौपड़ और शतरंज खेलते रहते हो। खैर, सुनो! ज़फर साहब कहते हैं कि *(आवाज़ भारी करते हुए)* हिंदुस्तान के हिंदुओ और मुसलमानो उठो। भाइयो उठो, खुदा ने जितनी बरकतें इंसानों को दी हैं, उसमें सबसे कीमती बरकत है- आज़ादी...।

आदमी-2 : वाह क्या सोच है! क्या दर्शन है!!

आदमी-1 : बेशक! चलो, आज शाम को नाना साहेब के घर बैठक है। देखें, वे लोग क्या योजना बना रहे हैं।

(दोनों कलाकार प्रस्थित। जाते हुए ये पंक्तियां दुहराते रहें- हम हैं इसके मालिक, हिंदुस्तान हमारा...। सूत्रधार-1 का आगमन।)

सूत्रधार-1 : सन् 1857 के राष्ट्रीय विद्रोह ने कुछ ऐसी हवा बनाई कि वह तूफान में बदल गई। उसके बाद तो देश की तरुणाई ने गुमी हुई आज़ादी की कीमत को जैसे पहचान लिया था। बहादुरशाह ज़फर को उस लाल किले में कैद कर लिया गया, जहाँ कभी उसके पुरखे राज किया करते थे। हज़ारों लोगों को कतार में खड़ा कर के गोलियों से भून दिया गया। कहते हैं दिल्ली के अधिकांश पेड़ों पर पच्चीस-पचास लाशें झूलती नज़र आ रही थीं। दिल्ली में जैसे खून की नदियां बह रही थीं। दिल्ली को बेरहमी के साथ लूटा जाता रहा। बहादुरशाह ज़फर के दो साहबजादों के सिर काट कर उन्हीं के सामने पेश किया गया। तब ज़फर साहब ने जो कुछ कहा था, उसे याद कर गर्व होता है कि हमारे देश में कैसे-कैसे महापुरुष हो गए हैं। बहादुरशाह ज़फर ने कहा था *(आवाज़ गंभीर हो जाती है)* तैमूर की औलाद ऐसी ही सुर्खरू हो कर बाप के सामने आया करती थी। आप लोगों को सुन कर बड़ा अजीब लगेगा कि जिस हडसन नामक क्रूर शख्स की अगुवाई में तबाही मचाई गई थी, वह सचमुच आदमखोर था। बहादुरशाह ज़फर के दोनों बच्चों का सिर काट कर हडसन ने उनका खून भी पीया था। बाप रे, बाप! ये बातें जब मैं बता रहा हूँ, तो सिहरन-सी होने लगी है, रोंगटे खड़े कर देने वाली बात तो है ही! लगता है मैं इससे आगे कुछ बोल नहीं पाऊँगा।

(सूत्रधार-2 का तेज़ी से प्रवेश)

सूत्रधार-2 : अरे, तो हम किस मर्ज़ की दवा हैं भाई! आपकी जगह मैं आ गया। एक ही बात है। पूरे स्वतंत्रता आंदोलन को चंद मिनटों में समेट पाना बहुत मुश्किल है। फिर भी मेरे साथी कोशिश कर रहे थे। अब मैं...

सूत्रधार-1 : *(व्यंग्य भरी मुसकान के साथ)* अच्छा! तो फिर बताओ कि कर्नल नील कौन था?

सूत्रधार-2 : *(गुस्से में)* हडसन का बाप था और कौन था? *(सामान्य होकर हल्की मुसकान के साथ)* माफ करना, उसका नाम सुनकर ही गुस्सा आने लगता है। जैसे हडसन ने दिल्ली में नंगा नाच किया था, ठीक उसी तरह नील ने बनारस, कानपुर और लखनऊ आदि इलाकों में अत्याचार की हदें पार कर दी थीं। उसने बहुत-सी औरतों को निर्वस्त्र कर उन्हें गोलियों से छलनी कर

दिया था। नील के काले कारनामों की कील से त्रस्त लोगों में अफरा-तफरी मच गई थी। साधारण लोग पलायन के लिए मजबूर हो गए थे।
(ढोलक की थाप के सात किनारे खड़े नाटक के सारे पात्र के चेहरों पर दहशत का भाव लिए बचाओ... बचाओ बोलते हुए इधर-उधर दौड़कर यथा स्थान बैठ जाते हैं।)

सूत्रधार-1 : अब मुझे बोलने दो। विद्रोहियों को जब नील की काली करतूतों का पता चला तो वे बौखला गए। ये बात 1858 की है। कुछ क्रांतिकारी एक बार सक्रिय हुए। अजीमुल्ला, तात्या टोपे, ज्वालाप्रसाद आदि तो खैर थे ही, इनमें एक और जांबाज महिला ने भी डट कर मुकाबला किया। वह जितनी सुंदर थी, उतनी ही बहादुर थी।

सूत्रधार-2 : तुम झांसी की रानी की बात कर रहे हो न?

सूत्रधार-1 : खा गए न गच्चा, इसीलिए कहता हूँ बच्चा कि ध्यान से पढ़ा करो और गड्डमड्ड मत किया करो। अरे वो जांबाज महिला झांसी की रानी नहीं थी। लेकिन उसने लक्ष्मीबाई की तरह अंग्रेजों की नींद हराम कर दी थी। जैसे अजीजन, बेगम हजरत महल, बेगम जीनत महल, सुंदरी, मोतीबाई, झलकारी बाई। न जाने कितनी ही महिलाएं थीं। जानते हो लखनऊ में तो महिलाओं की सेना भी तैयार हो गई थी! मध्यप्रदेश में तो भीलों के नायक भीमा तो जबरदस्त क्रांतिकारी था ही, लेकिन उसकी मां सरसी देवी। उससे दो हाथ आगे थीं। वह अंग्रेजों पर ऐसे बरसी कि कमाल ही कर दिया था। गजब की फुर्तीली। ऐसे तलवार चलाती थीं कि दुश्मन कांप जाता था। बाद में उसे गिरफ्तार कर लिया गया। जेल में उसकी मौत हो गई। तो प्यारे, बहुत-सी महिलाएँ थीं क्रांतिकारी। अब बताओ, मैं किसकी बात कर रहा था?

सूत्रधार-2 : *(सोचते हुए)* हाँ, समझ गया। तुम अजीजन की बात कर रहे थे न? मैंने पढ़ा है उसके बारे में। बड़ी हिम्मती महिला थी अजीजन। कुशल घुड़सवार। *(मुँह से घोड़े की आवाज़ निकाल कर घुड़सवारी का अभिनय)* तलवार चलाने में भी लाजवाब- खच्च... खच्च... खच्च। रोज सैन्य व्यवस्था का निरीक्षण करती थी। सारे सैनिक देखते रह जाते थे। *(घुड़सवारी का अभिन करते हुए इधर-उधर देखते हुए एक चक्कर लगाता है)*

सूत्रधार-1 : बिल्कुल ठीक कहा तुमने! उसके बाद फिर एक ज्वाला भड़की थी। उसका नाम बताओ तो?

सूत्रधार-2 : *(दर्शकों से)* इस बंदे ने चार किताबें क्या पढ़ लीं, मेरी तो परीक्षा ही लेने पर उतारू हो गया है। खैर, ये भी क्या याद करेगा, कि किस महाज्ञानी से पाला पड़ा है। हूँ तो क्या पूछा तुमने! उस ज्वाला का नाम क्या था? तो लो सुनो उस ज्वाला का नाम था नाम *(थोड़ा रुक कर मुसकराते हुए)* नहीं बताऊंगा, नहीं बताऊंगा!

सूत्रधार-1 : तुम्हें पता होगा तब न बताओगे?...खैर, चलो मैं ही बताए देता हूँ।

सूत्रधार-2 : नहीं, नहीं मैं बताऊंगा। तुम ही तुम बोलोगे, तो लोग क्या घास छीलने आए हैं। अरे, उस ज्वाला के नाम के बिना तो आज़ादी का इतिहास ही अधूरा है। उसने तो अंग्रेजों को उनकी नानी याद दिला दी थी। उस चमक उठी तलवार का नाम था... नाम था लक्ष्मीबाई। झांसी की रानी लक्ष्मीबाई। एम आई राइट? डलहौजी झांसी पर कब्जा करना चाहता था, लेकिन लक्ष्मीबाई तो लक्ष्मीबाई थी। उस वीरांगना ने अपने दुधमुंहे बच्चे को बीठ पर बाँधा और निकल पड़ी दो-दो हाथ करने! वो देखो चली आ रही है लक्ष्मीबाई!

(एक तरफ उँगली उठाकर इशारा करता है। वहाँ बैठी या खड़ी दो स्त्री कलाकार उठ कर सामने आते हैं।)

स्त्री-1 : कुछ भी हो, मैं अपनी झांसी नहीं दूँगी, चाहे मेरी जान चली जाए। हमारी सेना ने अंग्रेजों से डट कर लोहा लिया, लेकिन अंग्रेज हम पर भारी पड़ गए। पूरे शहर पर उनका कब्जा हो गया है, लेकिन मैं अपनी झांसी लेकर ही रहूँगी। मुंदरी, कितने क्रूर हैं ये अंग्रेज! इन्हें मनुष्य कहें तो मनुष्यता का अपमान है। पूरा शहर औरतों और बच्चों की चीखों से भर गया है। मन दुखी हो कर सोचने लगता है, कि काश, मुझे भी तोप से बांध कर उड़ा दिया जाता।

स्त्री-2 : महारानी, आप परेशान न हों! हिम्मत से काम लें। आपके कारण तो हमारी तलवारें अब तक म्यान के भीतर नहीं गई हैं। देखिए दयावती और झलकारी बाई को। इन लोगों ने कितनी बहादुरी के साथ अंग्रेजों का सामना किया। अगर आप हताश हो गईं तो हम लोगों का क्या होगा?

स्त्री-1 : तुम ठीक कहती हो मुंदरी! झलकारी बाई। गजब की हिम्मत है उसमें। पक्की सहेली है मेरी। बिल्कुल मेरी तरह दिखती है, क्यों? उसके कारण बड़ा हौसला मिलता है। पल भर के लिए मैं कमजोर पड़ गई थी, लेकिन झलकारी को याद कर मेरी हिम्मत बढ़ गई है। अंग्रेजों को चकमा देकर

झलकारी ने कई बार मेरी जान बचाई है। अब तुम पूरे समय मेरे साथ ही रहना! हम लोग मरते दम तक फिरंगियों का मुकाबला करेंगे। झांसा देने वाले इन गोरों से मैं अपनी झांसी लेकर रहूंगी। रणचंडी बन कर दुश्मनों का खात्मा कर दूँगी।

स्त्री-2 : बिल्कुलऽऽ, हम अपनी झांसी ले कर रहेंगे। चलिए महारानी। आपका घोड़ा तैयार है।

स्त्री-1 : ठीक है मुंदरी। हम पहले कालपी की ओर कूच करते हैं, वहां लोगों को तैयार करेंगे, फिर उसके बाद झांसी को मुक्त कराएँगे। चलो!

(दोनों अपने एक-एक हाथ कमर पर रख कर ऊपर ले जाती हैं जैसे तलवार लहरा रही हों। फिर किनारे खड़ी हो जाती हैं।)

सूत्रधार 1 : इसके बाद की कहानी तो आपको पता ही है। रानी मर्दाने भेष में ग्वालियर की तरफ चल पड़ी। अंग्रेज तो पीछा कर ही रहे थे। लेकिन रास्ते में एक नाला पड़ा, तो रानी का घोड़ा उसे पार नहीं कर पाया। बस, यहीं पर रानी अंग्रेजों से घिर गई, लेकिन रानी ने अंग्रेजों का बहादुरी के साथ सामना किया। *(ढोलक की थाप)* रानी घायल हो गई थीं, फिर भी वे तलवार चला रही थीं। उन्होंने एक अंग्रेज की गर्दन उड़ा दी। *(आवाज़ खचाक)* तभी एक अंग्रेज ने पीछे से वार किया। रानी नीचे गिर पड़ी लेकिन गिरते-गिरते भी रानी ने उस अंग्रेज की गर्द उड़ा दी। तब तक रानी का शरीर कावाब देने लगा था। थोड़ी देर में रानी वहाँ गिर पड़ीं और स्वर्गलोक सिधार गईं। उनकी सहेली मुंदरी पहले ही दम तोड़ चुकी थी। लेकिन अनेक महिलाओं ने अपनी बहादुरी से अंग्रेजों के झक्के छुड़ा दिए थे।

(स्त्री-1 का फौरन आगमन हो)

स्त्री-1 : *(सामने आकर घायल होने का अभिनय करते हुए संवाद बोले)* मैं... मैं अपनी झांसी नहीं दूँगी। जब तक ज़िन्दा हूँ, गोरों का मुकाबला करूँगी।... झांसी मेरी माँ है...झांसी मेरी आन है। झांसी मेरी शान है।... मैं... मैं झांसी नहीं दूँगी।

(इतना बोल कर मरने का अभिनय। ढोलक की थाप धीरे-धीरे शांत होती हुई। अंग्रेज पात्र का आगमन।)

अंग्रेज-1 : *(अंग्रेज़ी टोन में)* मानना परेगा इस लेडी क्वीन को। इसने हामको चेन से बैठने नइ डिया। यहाँ वो औरट सोया है, जो विद्रोहियों में एकलौटा मर्द था। ये इंडोस्टान का मिट्टी भी वंडरफुल है... वंडरफुल। *(इधर-उधर देखते हुए)*

अब हमको भी याहां से भागना पारेगा नइ टो हमारा खैर नाय।

(स्त्री पात्र उठ जाए और पुरुष पात्र के साथ दर्शकों में आकर खड़ी हो जाए। तत्काल आदमी 3 और आदमी 4 का आगमन।)

आदमी-3 : क्यों भाई, तुमको क्या लगता है, ये फिरंगी इस देश से भाग जाएँगे?

आदमी-4 : भागेंगे नहीं तो मरेंगे ससुरे। झांसी की रानी ने तो इनकी हालत पतली कर दी और अब उधर कुंवर बहादुर सिंह ने भी अंग्रेजों का जीना हराम कर रखा है।

आदमी-3 : हाँ भइया, सब पता है। अस्सी साल की उम्र में भी बाबू कुंवर बहादुर जी ने अंग्रेजों के छक्के छुड़ा दिए हैं। इस बूढ़े शेर ने ऐसी ने तबाही मचाई है कि पूछो न पूछो। इनकी क्रांति की मशाल से अंग्रेजों के मंसूबे जल कर राख हो रहे हैं। गांव-गांव में उनकी बहादुरी के चरचे हैं। देखोऽ आरा से कैसे दुम दबा कर भागे अंग्रेज? *(हँसी)* अंग्रेजों ने खूब घेराबंदी करने की कोशिश की, लेकिन कुंवर साहब हाथ ही नहीं आए। *(ढोलक की थाप)* डगलस की सेना कुंवर साहब के पीछे पड़ी थी। तभी एक गोली कुंवर सिंह के राथ में लगी, लेकिन वाह रे कुंवर सिंह उन्होंने अपने उस हाथ को ही काट कर गंगा में फेंक दिया।

आदमी-4 : हाँ, भई। एक हाथ के सहारे, सोचो ज़रा, एक हाथ के सहारे ही तलवार भांजते हुए कुंवर साहेब अंग्रेजों का सफाया करते रहे और जगदीशपुर पर कब्जा भी कर लिया। *(उदास स्वर में)* लेकिन सुना है धीरे-धीरे उनका ज़ख्म बढ़ता गया और बेचारे चल बसे।

आदमी-3 : लगातार नौ महीने तक लड़ाई भी तो की। कम होते हैं इतने दिन? अरे, नौ दिन में ही टूट जाते हैं लोग। और ये पूरे नौ महीने लड़ते रहे। वो भी अस्सी साल की अवस्था में! मज़ाक बात नहीं है यह। वे चले गए हैं लेकिन हमको संदेश दे कर गए हैं कि हमें भी हिम्मत नहीं हारना है। आखिरी सांस तक लड़ना है इन ज़ालिम अंग्रेजों से।

आदमी-4 : सचमुच, अगर हिम्मत है, लगन है तो फिर उम्र आड़े नहीं आ सकती। अब हम लोगों को भी कठपुतली और पतुरिया का नाच देखने के बजाय अंग्रेजों से लड़ने की तैयारी करनी चाहिए। *(इधर-उधर देखते हुए फुसफुसाते हैं)* सुना है, आज रात को कुछ क्रांतिकारी गाँव में आने वाले हैं। चलो, हम लोग भी उनके दल में शामिल हो जाते हैं।

आदमी-3 : चलो! इससे बढ़िया बात और मौका क्या हो सकता है!

(दोनों का प्रस्थान। सूत्रधार 1-2 का प्रवेश।)

सूत्रधार-1 : अठारहवीं शताब्दी के अंत तक न जाने कितनी हुतात्माएं शहीद होती गईं। तात्या टोपे जैसे महानायक भी उभरे लेकिन एक जमींदार ने उन्हें धोखा दिया और अंग्रेजों ने उनकी जान ले ली। आज़ादी के परवाने कम नहीं हुए। 1857 ने भारतवासियों के मन में इस संकल्प को जन्म दे दिया था कि अब अपने देश को हर हाल में आज़ाद करना है। 1885 को ए.ओ. ह्यूम ने कांग्रेस की स्थापना की। वैसे कहते हैं, इसके पीछे भी एक रणनीति थी- भारतीयों के तेवर उग्र होते जा रहे थे। उनकी धार को कम करने के लिए ही कांग्रेस अस्तित्व में आई। खैर, जो भी हो। कांग्रेस बनने के बाद एक वातावरण तो बना और धीरे-धीरे अंग्रेजों से लड़ने के तरीके भी बदलते गए।

सूत्रधार-2 : इजाज़त हो, तो मैं भी कुछ फरमाऊँ?

सूत्रधार-1 : हाँ- हाँ! क्यों नहीं!! सबके लिए खुला है मंदिर ये हमारा। अब तो भई तुम्हारे पास भी खज़ाना रहता है।

सूत्रधार-2 : हें...हें धन्यवाद! तो काँग्रेस बनने के बाद अनेक नेता उभरे। दादाभाई नौरोजी, फिरोजशाह मेहता, सुरेन्द्रनाथ बैनर्जी आदि। इस बीच अखबारों का प्रकाशन भी शुरू हो गया। जनता को छपे हुए शब्द भी ऊर्जा प्रदान करने लगे। जनमत बनने लगा। राजा राम मोहन राय जैसे महापुरुष भी इसी दौर में हुए। इन्होंने आम लोगों को केवल अंग्रेजों के खिलाफ ही नहीं जगाया, समाज में फैली कुरीतियों के खिलाफ भी जागृति का संदेश दिया। लोग इन्हें भारतीय पुनर्जागरण का पिता कहने लगे। राजा राम मोहन राय दूर की सोच रहे थे कि आज़ादी के बाद नया भारत कैसा हो।

सूत्रधार-1 : बंगाल में पुनर्जागरण की लहर थी, तो उसका असर उत्तर बारत और दक्षिण में भी पड़ रहा था। बंगाली, हिंदू, ट्रिब्यून, मराठा केसरी, इंडियन मिरर जैसे राष्ट्रवादी समाचार पत्रों ने तो बौद्धिक क्रांति का ही सूत्रपात कर दिया। यही कारण था कि अंग्रेजों ने प्रेस पर अंकुश लगाने की कोशिश शुरू दी। तब लोग आंदोलित होकर सड़कों पर उतर आए।

(सूत्रधार किनारे खड़े हो जाएँ। आदमी-1 और आदमी-2 का प्रवेश। सूत्रधार उनके साथ खड़े होकर सिर हिलाता रहे।)

आदमी-1 : हमारे समाचार पत्र सच-सच लिख रहे हैं, तो उनका मुँह बंद करने का काम किया जा रहा है। यह हम बर्दाश्त नहीं करेंगे।

आदमी-2 : बिल्कुल। ये वर्नाकुलर एक्ट क्या बला है? यह प्रेस की आज़ादी का गला

घोंटने की कोशिश है। पहले आर्म्स एक्ट ले आए ताकि हम लोग हथियार न रख सकें, और अब यह एक्ट! ये हथकंडे अब नहीं चलेंगे। यह हमें कमजोर करने की साजिश है। हम इसका विरोध करेंगे।

आदमी-1 : वर्नाकुलर एक्ट मुर्दाबाद।

आदमी-2 : मुर्दाबाद... मुर्दाबाद।

आदमी-1 : वर्नाकुलर एक्ट वापस लो...

आदमी-2 : वापस लो, वापस लो।

(सूत्रधार भी मुर्दाबाद, हाय-हाय, वापस लो, के नारे लगा सकता है। नारे दो-चार बार दोहराए जाएँ।)

आदमी-1 : आज़ादी की जंग अब रुकने से रही। देखो, बंकिमचंद चट्टोपाध्याय के उपन्यास आनंदमठ ने भी कैसी धूम मचाई है, क्यों?

आदमी-2 : हाँ, और उनके गीत ने भी। *(गाता है)* वंदेमातरम्...वंदे मातरम्। सुजलाम् सुफलाम् मलयज शीतलाम् शस्य श्यामलाम् मातरम्। वंदे मातरम्। *(इस गीत को सारे कलाकार सामूहिक रूप से अपनी-अपनी जगहों पर खड़े होकर ही गाएँ।)*

आदमी-1 : यह गीत नहीं नवजागरण का मंत्र है। इस गीत को दुहरा कर लोग शहीद होने के लिए तैयार बैठे हैं।

आदमी-2 : मुझे तो लगता है यह गीत आने वाले समय में भारतीयों के कंठ का हार बन जाएगा।

आदमी-1 : ठीक कहते हो तुम। अच्छा, क्यों भाई, सुना है, अब तो देश भर में क्रांतिकारियों की फौज तैयार होने लगी है।

आदमी-2 : तुमने ठीक सुना है। बंकिमचंद के बाद ज्योतिन्द्रनाथ ठाकुर सामने आए, तो बनारस में भारतेंदु हरिश्चंद्र भी देशभक्ति जगाने वाले नाटक लिखने लगे। उनका नाटक अंधेर-नगरी जगह-जगह खेला जा रहा है। गजब का व्यंग्य है भइया! नाटकों का इतना भयानक असर हुआ कि अंग्रेजों को लगा कि अब एक और कानून लाना पड़ेगा।

आदमी-1 : हाँ, ससुरों ने नाटक नियंत्रण कानून लागू कर दिया है। खैर, इससे क्या होता है। हम लोग अपना काम करते रहेंगे। हमें जेल में ठूंसा जाएगा, न! ठीक है। तो हम तैयार हैं।

आदमी-2 : चलो, अंधेर नगरी चौपट राजा का गीत हम लोग भी दुहराएँ। *(कलाकार गाते हुए दो चक्कर लगाएँ।)*

चना जोर गरम बाबू, मैं लाया चना जोर गरम...
चना बनावै घासीराम, निज की झोली में दुकान।
चना हाकिम सब जो खाते,
सब पर दूना टिकस लगाते। चना जोर गरम.....

आदमी 1 : *ओर वो चूरन वाला भी तो है?*
चूरन जब से हिंद में आया,
इसका धन बल सभी घटाया।
चूरन साहब लोग जो खाता,
सारा हिंद हजम कर जाता।
चूरन पुलिस वाले खाते, सब कानून हजम कर जाते।
(सारे पात्र यथास्थान बैठ जाएँ। सूत्रधार-1 और सूत्रधार-2 का आगमन।)

सूत्रधार-1 : सुरेन्द्रनाथ बैनर्जी, गोपालकृष्ण गोखले, दादा भाई नौरोजी, पंडित मदनमोहन मालवीय, फिरोजशाह मेहता, तैयब जी जैसे लोग वैचारिक स्तर पर लड़ाई लड़ रहे थे, वहीं मणिपुर के टिकेन्द्रजीत और बिहार के बिरसा मुंडा ने भी क्रांति कर के अंग्रेजों को हिलाकर रख दिया था। मुंडा और उसके बेटे को फांसी पर लटका दिया गया था। पूरे परिवार को भी जेल में ठूंस दिया गया था।

सूत्रधार-2 : बिरसा मुंडा ने आदिवासियों को एकजुट किया था। इन लोगों ने अपनी लड़ाई कुल्हाड़ी, भाले, लाठी और तलवारों से लड़ी, जबकि दूसरी तरफ तोप और बंदूकें थीं। सोचिए, कैसा रहा होगा वो मंज़र? तोपों का मुकाबला कुल्हाड़ी और तलवार से!

सूत्रधार-1 : इन तोपों का मुकाबला करने के लिए एक और चीज सामने आई। बताइए वो क्या थी? जी हाँ, दोस्तों, अखबार, समाचार पत्र, न्यूज़ पेपर।
जब तोप मुकाबिल हो तो अखबार निकालो। लोकमान्य बाल गंगाधर तिलक के मराठा और केसरी ने अंग्रेजों की नींद उड़ा दी। बाद में तिलक को गिरफ्तार करके जेल में डाल दिया गया। कुछ उदारवादी लोग अंग्रेजों से आग्रह की भाषा बोलते रहे, लेकिन तिलक ने दहाड़ते हुए कहा था *(आवाज़ बदल कर)* स्वतंत्रता मेरा जन्मसिद्ध अधिकार है, और मैं इसे लेकर ही रहूँगा।

सूत्रधार-2 : एक तरफ वंदे मातरम् का नारा था, तो दूसरी तरफ था तिलक का कथन। केसरी पर राजद्रोह का मुकदमा चला। इसी दौरान चापेकर बंधु, वासुदेव

बलवंत फड़के, महोदय रानाडे जैसे अनेक वीरों ने अंग्रेजों के खिलाफ मोर्चा खोल रखा था। बाद में ये सब शहीद हुए, लेकिन नई पीढ़ी के लिए प्रेरणा दीप बन गए। इसी दौर में विपिनचंद्र पाल, अरविंद घोष, लाला लाजपत राय भी उभरे, जिन्होंने आज़ादी के यज्ञ में अपनी आहुतियां दीं।

सूत्रधार-2 . देखो, आज़ादी की कथा अनंत है। संक्षेप में बात करो, वरना लोग ऊब जाएँगे। कुछ दृश्य भी तो दिखाओ!

सूत्रधार-1 : ठीक कहते हो। सन 1905 में बंग-भंग हुआ तो देश में फिर आंदोलन तेज होने लगा। इस बार स्वदेशी भावना ने जोर मारा। नतीजा देखिए

(आदमी-1, 2, 3 और 4 सामने आ जाएँ। सूत्रधार-2 भी शामिल हो सकते हैं।)

आदमी-1 : वंदे मातरम्।

बाकी : वंदे मातरम्।

आदमी-1 : ये अंग्रेज हमें अपना उपनिवेश समझते हैं। अपने देश का माल लाकर यहाँ खपाते हैं। हम लोग भी तो अंग्रेजों के रंग में रंगने की कोशिश कर रहे हैं। यह शर्म की बात है। हम विदेशी कपड़े पहनना अपनी शान समझते हैं।

आदमी-2 : तो चलो, हम लोग विदेशी वस्त्रों की होली जलाएं।

आदमी-3 : हाँ, यह ठीक रहेगा।

आदमी-1 : तो यह काम कब से शुरू करें?

आदमी-2 : शुभस्य शीघ्रम कल्याणम्। आज से, अभी से। सुना नहीं, काल करे सो आज कर, आज करे सो अब। पल में परलय होएगी, बहुरि करेगा कब?

(सभी वाह-वाह कहते हुए ताली बजाते हैं)

आदमी-1 : चलो, घर जाकर कपड़े ले आएं। यहीं आकर जलाएंगे।

(सारे पात्र किनारे जाकर कपड़े उठाने, उसे लाकर बीच में रखने और आग लगाने का अभिनय करते हैं।)

आदमी-1 : वंदे...

सभी : मातरम्। *(दो-तीन बार)*

आदमी-1 : देखो, विदेशी वस्त्रों की होली जल रही है। ये कपड़े नहीं हैं, यह गुलामी है जो जल कर राख हो रही है। हमने वंदे मातरम् के नारे भी लगा लिए, लेकिन एक काम बाकी है।

आदमी-2 : वो क्या?

आदमी-1: सर मुहम्मद इकबाल का गीत भी तो गा लें। इसने भी वंदे मातरम् की तरह

धूम मचा रखा है। बताओ कौन-सा गीत है?

आदमी-2 : *(सोचते हुए)* अरे हाँ, याद आया, सारे जहां से अच्छा हिंदोस्तां हमारा...।

आदमी-1: बिल्कुल! इस गीत को तो पूरा देश गा रहा है। क्या हिंदू, क्या मुसलमान। तो चलो, हम भी इस गीत को दुहराएँ।

(सब गाते हैं : सारे जहाँ से अच्छा हिंदोस्तां हमारा। समापन वंदे मातरम् से करें।)

आदमी-1 : भाई, खुदीराम बोस को फांसी पर लटका दिया गया है। तिलक जी को छह साल की कैद हो गई है। अब क्या होगा?

आदमी-2: होगा क्या, हम लोग हैं न! हम लोग कोशिश करेंगे। हम भी लड़ेंगे अंग्रेजों से। घर-घर में खुदीराम और तिलक पैदा होंगे।

आदमी-1 : चापेकर बंधुओं ने भी खुद का बलिदान कर दिया है। सावरकर बंधु भी अग्निपथ पर चल पड़े हैं तो हम लोग क्यों पीछे रहेंगे! अरे, यह शरीर तो क्षणभंगुर है। देश के लिए काम आ जाए तो इससे बड़ी बात और क्या हो सकती है!

आदमी-2 : सुना है मादाम कामा ने राष्ट्रीय ध्वज बनाया है। उन्हें लोग भारत माता भी कहने लगे हैं। अब हम लोग उस तिरंगे को उठाकर वंदे मातरम् कहेंगे। हमको गालियाँ दी जाती हैं। कदम-कदम पर हमारा अपमान किया जाता है। हम इसे बरदाश्त नहीं करेंगे। इंकलाब...

आदमी-1: जिंदाबाद।

(अंग्रेज एक का प्रवेश। हाथ में डंडा लहराते हुए।)

अंग्रेज : हे... टुम लोग यहाँ क्या नौटंकी कारता? हमारे खिलाफ में स्पीच मारटा, हम टुमको डंडे से मारेगा, टुमारा सर फोरेगा, टुमको पटा नाय... नया एक्ट बना डिया हाय।

आदमी-1: *(मज़ाक के स्वर में)* कौन-सा एक्ट बना डिया हाय?

अंग्रेज : सरकार के खिलाफ मीटिंग करने वाला को जेल में ठूंस दिया जाएगा, समझे? ये एंटीनेशन एक्ट है। भागो यहाँ से नहीं तो हमारा खून खौलने लगेगा और हमारा डंडा बोलने लगेगा। हम टुम लोगों का सिर टोड़ डेगा।

आदमी-2 : हम टुमारी टांग टोड़ डेगा।

(सारे पात्र अपनी-अपनी जगहों पर खडे होकर हँसते हैं।)

अंग्रेज : टुम लोग ऐसा नाय मानेगा। डांडा चालाना ही पड़ेगा।

(अंग्रेज डंडा लहराता है। दो पात्रों के अलाव इधर-उधर खड़े सारे पात्र वंदे मातरम् के नारे लगाने लगते हैं। फिर धीरे-धीरे किनारे आ जाते हैं। उन्हीं में

से फौरन । आदमी सामने आकर।)

आदमी-1 : *(इधर-उधर देखता है, मानो गुपचुप तरीके से आया हो। उसके हाथ में टेबुलॉयड आकार के अखबार की कुछ प्रतियां हों, जिस पर लिखा हो गदर। अब तो कंप्यूटर के सहारे अखबार भी निकाला जा सकता है)* : पढ़िये, गदर... गदर... गदर। पन्द्रह साल के युवा संपादक करतार सिंह सराबा और रघुदयाल गुप्त के संपादन में निकलने वाला क्रांतिकारी अखबार गदर। हमारा नाम गदर.. हमारा काम गदर... और गदर होगा पूरे हिंदुस्तान में गदर... गदर... गदर...।

(नाटक के सारे पात्र आकर भीड़ लगा लें।)

आदमी-3 : क्यों भाई साहब, मैं भी इस अखबार में काम करना चाहता हूँ।

आदमी-1 : क्यों नहीं, क्यों नहीं। स्वागत है आपका, लेकिन आपको लिखने-पढ़ने का शौक है न? कविता-लेख-कहानी वगैरह लिख लेते हो?

आदमी- 3 : हाँ, इतना तो कर लेता हूँ।

आदमी-1 : *(हँसते हुए)* लेकिन इतने से बात नहीं बनेगी। हमारे गदर में काम करने के लिए कुछ शर्तें भी हैं। उसे तो सुन लो।

आदमी-3 : क्या शर्त है भाई?

आदमी-1 : चलो, मैं गदर में छपे इस विज्ञापन को ही पढ़कर सुना देता हूँ। जिसको जमे, वो हमारे साथ काम कर सकता है। *(जोर-से पढ़ता है)* आवश्यकता है, उत्साही वीर सैनिकों की। उजरत- मौत, ईनाम- शहादत, मिशन- आज़ादी और कार्यक्षेत्र- पूरा हिंदुस्तान बोलो, तैयार हो?

सारे पात्र : हाँ, हाँ। हम तैयार हैं। हम तैयार हैं।

आदमी-1 : *(मुसकाते हुए)* अरे वाह, यहाँ तो सब तैयार हैं, लेकिन हमें तो केवल एक-दो लोग ही चाहिए। खैर, चलिए बाकी को काम समझा देता हूँ। आइए मेरे साथ।

(सारे कलाकार वंदे मातरम्, भारत माता की जय के नारे लगाते हुए प्रस्थित। सूत्रधार का प्रवेश।)

सूत्रधार-1 : गदर अखबार और गदर पार्टी ने पूरे देश में जोश भरने का काम किया। गदर की लहर विदेश तक जा पहुँची। गदर पार्टी के लोगों को जेलों में ठूँस दिया गया। तरह-तरह की यातनाएँ दी थीं। लाला हरदयाल की बातें लोगों के दिलों में बस गई थीं। लाला जी ने कहा था- *(गंभीर आवाज़ में)* कोई भी स्वाभिमानी नौजवान उस कुत्ते की तरह नहीं हो सकता जो चाबुक लगाने

वाले का हाथ चाटता है। ब्रिटिश साम्राज्यवाद ने भारतीय जनता की रोजी-रोटी, इज्जत सब कुछ छीन लिया है। हम सबको संघर्ष के लिए तैयार रहना चाहिए। *(सामान्य स्वर)* बस, जिसे देखो, संघर्ष के लिए तैयार था।

(सूत्रधार-2 का बोलते हुए प्रवेश।)

सूत्रधार-2 : इसे हम देश का दुर्भाग्य ही कहेंगे कि गदर पार्टी की मुहिम को बहुत से युवकों ने गंभीरता से नहीं लिया। कुछ लोग तो अंग्रेजों की दलाली पर ही उतर आए। इस कारण कुछ नेता गिरफ्तार कर लिए गए। यानी घर को आग लग गई घर के चिराग से। लेकिन अर्जुन सिंह उर्फ सज्जन सिंह ने एक दिन बदला चुका ही लिया। उसने गदर पार्टी के लोगों को गिरफ्तार करने वाले दरोगा को एक दिन गोली मार दी। *(गोली दागने की आवाज़ निकालता है।)* खैर, गदर वाले लोगों को उम्र कैद हो गई। करतार सिंह सराबा पहले तो देश छोड़कर विदेश चले गए, लेकिन आखिर वतन की मिट्टी ने उनको वापस बुला लिया और हिंदुस्तान आकर गिरफ्तार हुए और हँसते-हँसते फाँसी के फंदे पर झूल गए।

सूत्रधार-1 : करतार सिंह सराबा कहते थे- बनी सिर शेरों दी, की जाणा भज्जके।

सूत्रधार-2 : भइये, आज़ादी का इतिहास काफी लंबा है। ये हिंदी फिल्म तो नहीं है कि दो-ढाई घंटे में खत्म। इसे पेश करने में अनेक दिन लग जाएंगे। आज तो केवल ट्रेलर पेश कर रहे हैं। वो क्या कहते हैं न, हाइलाइट्स। हमें तो फिलहाल गागर में सागर भरना है। समय कम है, इसलिए अच्छा हो कि हम अब कुछ और दृश्य दिखा दें, और नाटक को तेजी के साथ आगे बढ़ाएँ।

सूत्रधार-1 : यार, तुम तो मेरे साथ रह कर बहुत ज्यादा समझदार हो गए हो! बहुत सुंदर आइडिया है। तो हम सबसे पहले गांधी जी को पेश करते हैं।

सूत्रधार-2 : अरे हाँ, अब तक तो गांधी जी की चर्चा ही नहीं हुई?

सूत्रधार-1 : *(सिर ठोंकते हुए)* अरे पागल, गांधी जी तो 1915 के आस-पास दक्षिण अफ्रीका से भारत आए थे, तो उसके पहले उनकी चर्चा कैसे हो सकती थी? इसके पहले तो रासबिहारी बसु, बाघा जतिन, अब्दुल कलाम आज़ाद, एनी बेसेंट, तिलक, मैडम कामा जैसे नामों की चर्चा ही की जा सकती थी। *(निर्देशक यहाँ कुछ और नाम जोड़ सकते हैं।)* गांधी-युग तो 1915 के बाद शुरू होता है। गांधी जी भारत आए और सबसे पहले देशभर का दौरा किया। यहाँ के गांवों को देखा, और उसके बाद वे शुरू हो गए

अपने हथियार अहिंसा के सहारे।

(एक पात्र हाथ में लंबी लाठी लेकर आगे-आगे चले, उसके पीछे बाकी सब पात्र। सब गा रहे हैं।)

सभी पात्र : वैष्णव जन तो तेणे कहिए, जो पीर पराई जाणे रे। *(फिर दूसरा गीत गाएँ)* रघुपति राघव राजा राम, पतित पावन सीताराम। ईश्वर अल्ला तेरो नाम, सबको सन्मति दे भगवान।

सूत्रधार-1 : गांधी जी की अहिंसा ने देश में धूम मचा दी। असहयोग आंदोलन, सत्याग्रह जैसे शब्दों से लोगों का परिचय हुआ। इसकी ताकत भी लोगों को समझ में आई। पूरा देश गांधी से जुड़ता चला गया। चम्पारण से शुरू हुआ गांधी का सत्याग्रह पूरे देश में फैलता गया। रोलेट एक्ट के खिलाफ 1921 में पूरे देश में हड़ताल हुई। प्रार्थना सभाएं की गईं। जुलूस निकाले गए। आम सभाएँ भी हुईं।

(सारे पात्र सामने आकर जुलूस की शक्ल में चक्कर लगाएं। नारे लगा कर किनारे खड़े हो जाएँ।)

एक : रोलेट एक्ट...

बाकी : वापस लो वापस लो...

एक : अंग्रेजों वापस जाओ...

बाकी : वापस जाओ, वापस जाओ।

(पात्रों के किनारे जाते ही सूत्रधार का प्रवेश।)

सूत्रधार-1 : इस बीच एक दुखद घटना भी घटी। 13 अप्रैल, 1920 को अमृतसर में। जलियांवाला बाग के हादसे ने देश को हिलाकर रख दिया। अंग्रेज कितने क्रूर, कितने वहशी थे, उसका एक और सबूत मिला जलियांवाला बाग में।

(सारे पात्र फिर सामने आकर सभा की शक्ल में बैठ जाएँ। आपस में बातें करें। हँसी-मजाक का वातावरण।)

सूत्रधार-2 : *(सिर पर पगड़ी बाँधकर आए या फिर उसकी जगह कोई दूसरा पात्र आए। वातावरण बनाने के लिए पंजाबी गीत गाए जा सकते हैं। पात्र पंजाबी में बोलें तो बेहतर।)* आज बैसाखी का पर्व है। खुशी का दिन। चारों ओर सरसों फूल रही है। देश की खुशहाली के लिए हम सबको कुछ न कुछ करना है। ये अंग्रेज हमें गुलाम बना कर रखे हुए हैं, इनसे भी हमें मुक्ति पानी है। बैसाखी के दिन हमें यही संकल्प करना है...

(वाक्य पूरा न हो पाए, तभी जनरल डायर के रूप में अंग्रेज बने पात्र का एक सहयोगी के समेत तेजी के साथ प्रवेश।)

अंग्रेज : *(अंग्रेजों की शैली में)* हे, क्या करटा है टुम लोग? हजारों की संख्या में इकटा होकर सरकार के खिलाफ बगावट करना मिंगटा? हम ये बारडाश्ट नाय करना मांगटा।

आदमी-1 : हम सब यहाँ बैसाखी मनाने एकत्र हुए हैं।

अंग्रेज : हम साब समझटा है टुम लोगों का चालाकी। चलो भाग जाओ याहाँ से नहीं तो हम सबको भून के रख डेगा। हम आदमी का खाल में भेड़िया है भेड़िया, हाँ।

आदमी-1 : ठीक है, ठीक है। हम अपना काम करेंगे, तुम अपना काम करो।

अंग्रेज : ये बाट हाय, टुमने डायर को लालकारटा है। डायर जब फायर करेगा टब टुम सबको समझ में आ जाएगा। ओके *(जोर से चीखता है)* फायर।

(अंग्रेज का साथी मुँह से आवाज़ निकालते हुए बंदूक चलाने का अभिनय करता है। सारे पात्र बचाओ... बचाओ की चीख के साथ इधर उधर दौड़ते हैं। यहाँ नगाड़े की आवाज़ तेज हो जाए। सारे पात्र एक-एक करके जमीन पर गिरते जाएँ।)

अंग्रेज : *(राक्षसी-हँसी हँसते हुए)* ह...ह...ह...। हमसे टकराना मांगटा। हमसे! ह...ह.. ह...।

(डायर का प्रस्थान। सारे पात्र उठकर किनारे खड़े हो जाएँ।)

सूत्रधार-1 : इस नरसंहार में सैकड़ों लोग बेमौत मारे गए। हजारों घायल हो गए। अंग्रेज जैसे आदमखोर बन चुके थे। अंग्रेजों के इस कत्लेआम से दुखी होकर विश्व कवि रवीन्द्रनाथ टैगोर ने सर की उपाधि लौटा दी। अंग्रेजों की खून की होली के बावजूद देशप्रेमियों के हौसले टूटे नहीं थे। और देखते-ही-देखते खिलाफत, असहयोग आंदोलन का समय आ गया। इस आंदोलन में हिंदू मुसलमान दोनों शामिल हुए। गांधी जी को गिरफ्तार कर लिया गया। वे दो साल बाद रिहा किए गए। मगर उन्होंने जो राह दिखाई, उस राह पर देश आगे बढ़ता रहा... बढ़ता रहा।

(सूत्रधार-2 का प्रवेश।)

सूत्रधार-2 : भाई जी, मैं आ गया हूँ। थोड़ा सुस्ता लो। तो मित्रों, कारवाँ बढ़ता रहा... बढ़ता रहा। मोतीलाल नेहरू, चितरंजन दास, वल्लभभाई पटेल, सुभाषचंद्र बोस, जवाहरलाल नेहरू जैसे अनेक नेताओं ने जन-जन के मन में जोश भरने का काम शुरू कर दिया था। और फिर वह दिन भी आय, जब लाजपत राय की अगवाई में साइमन कमीशन के बहिश्कार के लिए लोग सड़कों पर उतर आए।

(सारे कलाकार जुलूस की शक्ल में आएँ। नारेबाजी करें। वंदे मातरम्, साइमन कमीशन वापस जाओ, गो बैक साइमन कमीशन, भारत माता की जय के नारे।)

सूत्रधार-1 : अंग्रेजों ने भीड़ पर लाठी प्रहार किया। लाला जी का सिर फूट गया। कुछ दिन बाद वे चल बसे। तब भगत सिंह और उनके साथियों का गुस्सा भड़क उठा। उन्होंने प्रण किया कि लाला जी पर उठने वाले हाथों को सबक सिखाया जाएगा।

(अंग्रेज सिपाही के रूप में दो पात्र सब पर डंडे बरसाएँ। एक डंडा लाला जी के सिर पर लगे। वे कराहते हुए नीचे गिर जाएँ। आदमी 1-2-3 और 4 में से कोई भी एक पात्र लाला जी की भूमिका कर सकता है।)

लाला जी : *(कराहते हुए)* आह... आह... अरे फिरंगियों, जालिमों, मुझे जो चोट लगी है, वह अंग्रेजी राज में ताबूत की आखिरी कील साबित होगी। (इतना बोल कर पात्र चेहरा लटका ले।)

सूत्रधार-2 : भगत सिंह और उनके साथियों ने लाला जी पर हमले का बदला ले लिया। इस घटना के बाद देश में एक बार फिर से जोश चढ़ा। श्यामलाल पार्षद, माखनलाल चतुर्वेदी, रामप्रसाद बिस्मिल जैसे अनेक क्रांतिकारियों की कविताएं लोगों के गले का हार बन रही थीं।

(सारे कलाकार सामने आएं और चारों तरफ घूमते हुए कविताओं को सस्वर गाएँ।)

कविता-1 : झंडा ऊँचा रहे हमारा... (पूरी कविता)

कविता-2 : ***मुझे तोड़ लेना वनमाली उस पथ पर तुम देना फेंक।***
मातृभूमि पर शीश चढ़ाने, जिस पथ जाएँ वीर अनेक। (पूरी कविता)

सूत्रधार 1 : मैथिलीशरण गुप्त ने भात भारती नामक राष्ट्रीय काव्य लिख कर लोगों को प्रेरित किया तो दक्षिण में सुब्रह्मणियम भारती और वल्लतोल की राष्ट्रवादी रचनाओं ने लोगों को झकझोरने का काम किया। धीरे-धीरे कितने ही वीर देश के लिए मर मिटने पर आमादा हो गए। क्या बड़े, क्या बच्चे। सबके भीतर देश प्रेम का ज्वार उमड़ रहा था। ऐसे ही एक बच्चे का नाम था चंद्रशेखर, जो अंतिम सांस तक आज़ाद ही रहा। याद है न, जब चंद्रशेखर पंद्रह साल के थे, तब क्या हुआ था? देखते हैं-

(सूत्रधार किनारे खड़ा हो जाए। एक बाल कलाकार के साथ अंग्रेज बन कर एक पात्र एक सहायक के साथ आए। दोनों के हाथों में डंडे। बच्चे को डंडा

दिखाते हुए बातचीत।)

अंग्रेज : हे ब्वॉय, टुम्हारा नाम?

बालक: *(मुसकराते हुए)* आज़ाद।

अंग्रेज : टुमारे फादर का नाम?

बालक : *(अकड़ कर)* स्वाधीन।

अंग्रेज : और टुमारा पता?

बालक : *(चपलता के साथ हँसते हुए)* जेलखाना।

अंग्रेज : लगटा है इसे भी आजाडी का हवा लगा है। तुझे तो बेंट लगानी पड़ेगी, तब टुमारा होश ठिकाना आएँगे। सिपाही इसका पिटाई करो। लगाओ बेंट। *(अंग्रेज के साथ आया सहायक पात्र बालक पर डंडा चलाता है। डंडे के हर वार पर बालक वंदे मातरम् कहता है। चार-पांच बार ऐसा हो। फिर कलाकार यथास्थान चले जाएँ।)*

सूत्रधार-1 : आज़ाद बाद में युवा क्रांतिकारियों के गुरु बन गए थे। भगत सिंह, सुखदेव, राजगुरु, बिस्मिल और न जाने कितने ही लोग आज़ाद की सलाह मानते थे। आज़ाद ने काकोरी के पास रेलवे का खजाना लूटा था। इस मामले में रोशन सिंह, बिस्मिल, राजेन्द्र लाहिड़ी और अशफाकउल्ला खां पकड़े गए और उन्हें फांसी पर लटका दिया गया लेकिन आज़ाद अंग्रेजों के हत्थे नहीं चढ़ सके। उधर सारे क्रांतिकारी बिस्मिल का लिखा गीत गाते हुए खुशी-खुशी शहीद हो गए। वह गीत तो आप को भी याद है। देखें-

सभी पात्र : ***सरफरोशी की तमन्ना अब हमारे दिल में है***
देखना है जोर कितना बाज़ू-ए-कातिल में है
वक्त आने पर बता देंगे तुझे ऐ आसमां
हम अभी ये क्या बताएं, क्या हमारे दिल में है
अब न अगले बलबले हैं और न अरमानों की भीड़
एक मिट जाने की हसरत अब दिले बिस्मिल में है।
सरफरोशी की तमन्ना अब हमारे दिल में है...

सूत्रधार-2 : चंद्रशेखर भूमिगत होकर उन दिनों इलाहाबाद में काम कर रहे थे। लेकिन घर को आग लग गई घर के चिराग से। आज़ाद का एक साथी अंग्रेजों से जा मिला और अंग्रेजों ने आज़ाद को अलफ्रेड पार्क में घेर लिया। आज़ाद ने हिम्मत नहीं हासी और मुकाबला करते रहे। चुन-चुन कर अंग्रेज सिपाहियों को निशाना बनाते रहे। लेकिन कब तक? आखिर सारी गोलियाँ

खत्म हो गईं। केवल एक गोली बची थी... केवल एक। आज़ाद का प्रण था कि मैं जीते जी अंग्रेजों के हाथ नहीं आऊँगा। बस, उन्होंने आखिरी गोली से खुद को ही खत्म कर दिया।

(आदमी-1, 2, 3 और 4 में से ही कोई चंद्रशेखर आज़ाद के रूप में तेजी से चल कर सामने आए। इधर उधर देखते हुए।)

आज़ाद : अरे, गोलियाँ खत्म हो गईं? लेकिन मेरी लड़ाई जारी रहेगी। एक गोली बची है न! अब यह मेरे काम आएगी। मैं तो जिंदगी भर आज़ाद रहा। मरते वक्त भी आज़ाद ही रहूँगा। अंग्रेजों, तुम लोग मुझे जिंदा नहीं पकड़ सकते। मेरी लाश ही तुम्हारे हाथ लगेगी। माँ, मेरी प्यारी भारत माँ, मैं जा रहा हूँ। तेरी भरपूर सेवा न कर सका, लेकिन वादा करता हूँ कि बहुत जल्द मैं फिर आऊँगा। फिर जन्म लूँगा तेरी गोद में। तुझे आज़ाद करा कर ही दम लूंगा। अभी मैं चलूँ। भेड़िए आकर अपने नापाक हाथों से मुझे छुएँ, इससे बेहतर है कि मैं खुद को ही खत्म कर लूं।

(उँगलियों को रिवॉल्वर की शक्ल देकर अपनी कनपटी पर लाकर रख कर ठाँय की आवाज़ के साथ वंदेमातरम् कहते हुए नीचे लुढ़क गए। फिर उठ कर यथास्थान लौट जाएँ।)

सूत्रधार-1 : इस बीच भगत सिंह और बटुकेश्वर दत्त ने असेम्बली में बम फेंक कर अपनी गिरफ्तारी दी। इतिहास में यह पहला अवसर था कि क्रांतिकारी खुद को पुलिस के हवाले कर रहे थे। यह वैचारिक लड़ाई को लोकव्यापी बनाने का अभिनव तरीका था। इस घटना ने सबको चौंका दिया। अदालत में लगातार कार्रवाइयां चलती रहीं और भगत सिंह के विचारों से पूरा देश अवगत होता रहा, लेकिन अदालती कार्रवाई तो एक नाटक थी। अंतत: भगत सिंह, सुखदेव और राजगुरु को फाँसी पर लटका दिया गया। अंग्रेज कितने नीच और अमानवीय थे, इसे समझने के लिए यह जानना ज़रूरी है कि तीनों शहीदों के शव को बोटी-बोटी काट डाला अंग्रेजों ने। यह बात सामने नहीं लाई जाती, लेकिन लानी चाहिए। पता तो चले लोगों को कि हमारे क्रांतिकारी के साथ कैसा व्यवहार किया गया था।

सूत्रधार-2 : बिल्कुल ठीक कहा तुमने। लोगों को यह भी बताना चाहिए कि जब क्रांतिकारी जेल में थे, तो उन्होंने जेल के राजनीतिक कैदियों के अधिकारों को लेकर भूख हड़ताल कर दी थी। भूख हड़ताल करने वालों में जतिन दास भी एक थे। उन्होंने हड़ताल नहीं तोड़ी और आखिर तिरसठवें दिन उन्होंने

दम तोड़ दिया। भूख से बदहाल होने के बावजूद जतिन दास ने हिम्मत नहीं छोड़ी। हम उस महान क्रांतिकारी को प्रणाम करते हैं।

सूत्रधार-1 : अरे, जनित दास की प्रिय कविता के बारे में भी तो बता दो, जो वे अक्सर दुहराते रहते थे।

सूत्रधार-2 : जी हाँ, जी हाँ। वे काजी नजरूल इस्लाम की एक कविता अग्निवीणा अक्सर दुहराते थे। अद्भुत कविता है। जोश भर देने वाली। सुनिए। *(बंगाली टोन में काव्य पाठ शैली में।)*

आमी विद्रोही चिर अशांत। सेई दिन होबो शांत,
जे दिन उत्पीड़ितेर क्रंदनरोल। आकाशे वाताशे ध्वनिवो वा।
(पूरी कविता का पाठ हो सके तो बेहतर)

(फिर जोश के साथ हिंदी में) मैं चिर अशांत हूँ। चिर विद्रोही हूँ। मैं तो उसी दिन शांत होऊँगा, जिस दिन अत्याचार से पीड़ित लोगों के क्रंदन से यह आकाश और वायुमंडल नहीं गूँजेगा। जतिन दास चल बसे और भगत सिंह, सुखदेव और राजगुरु को फाँसी पर लटका दिया गया। मौत के सफर पर जाते हुए भी उनके होंठों पर गीत गूँज रहे थे। वे लोग पता नहीं किस मिट्टी के बने हुए थे। सुनिए वो गीत-

(सूत्रधार इशारा करता है और तीन पात्र गाते हुए सामने आ जाते हैं। सूत्रधारद्वय और बाकी कलाकार भी गाते हैं।)

मेरा रंग दे बसंती चोला मेरा रंग दे बसंती चोला
इस चोले को पहन शिवाजी खेले अपनी जान पे
इसे पहन झांसी की रानी मिट गई अपनी आन पे
आज उसी को पहन के निकला हम मस्तों का टोला
मेरा रंग दे बसंती चोला रंग दे बसंती चोला।

सूत्रधार-1 : एक ओर क्रांतिकारी देश के लिए बलिदान हो रहे थे, वहीं गांधी जी सत्याग्रह और अहिंसा के सहारे आगे बढ़ रहे थे। 26 जनवरी, 1930 को पूरे देश में स्वतंत्रता दिवस मनाया गया। सविनय अवज्ञा आंदोलन भी चलता रहा। इस बीच गांधी जी ने नमक सत्याग्रह शुरू किया। 6 अप्रैल, 1930 को दांडी पहुँच कर उन्होंने नमक कानून तोड़ा।

(हाथ में लम्बा डंडा लेकर एक पात्र गांधी के रूप में सामने आए। पहले नीचे झुक कर धरती पर हाथ रखे, फिर संवाद बोले।)

गांधी : आज हमने यहाँ नमक कानून तोड़ा है। मुट्ठी भर नमक भारत के

आत्म-सम्मान का ही नहीं, उसके सर्वस्व का प्रतीक है। भारत के बड़ा कारागार बन गया है। हमें इससे मुक्ति पानी है। हमें पूर्ण स्वराज चाहिए।

(सारे पात्र यथास्थान खड़े होकर ही बोलें- हमें पूर्ण स्वराज चाहिए... हमें पूर्ण स्वराज चाहिए। वंदे मातरम्। गांधी बना पात्र प्रस्थित।)

सूत्रधार-1 : गांधी जी वायसराय के साथ समझौता कर के सविनय अवज्ञा आंदोलन को समाप्त कर दिया। इससे लोगों को निराशा हुई लेकिन क्रांतिकारी तो अपना काम करते रहे। अंग्रेजों के खिलाफ मोर्चे निकालते रहे। नेहरू और सीमांत गांधी जैसे अनेक नेता गिरफ्तार कर लिए गए।

सूत्रधार-2 : समय बीतता गया, और भारत... भारत आज़ादी के लिए बेताब होता चला गया। सत्याग्रह आंदोलन भी होते रहे और देश के कोने-कोने में क्रांतिवीर अंग्रेजों पर गोलियाँ भी दागते रहे। हिंसा और अहिंसा के साथ आज़ादी की लड़ाई परवान चढ़ती रही। इस बीच एक और महानायक उभरा। उसका नाम था- सुभाषचंद्र बोस।

सूत्रधार-1 : जिसे लोग सम्मान के साथ नेताजी भी कहते हैं।

सूत्रधार-2 : हाँ, नेताजी ने देश और देश के बाहर भी आज़ादी के लिए संघर्ष किया। वे कांग्रेस से भी जुड़े। बाद में उन्होंने बर्लिन रेडियो के जरिए अनेक बार ब्रिटिश सरकार की पोल खोली। नेताजी ने आज़ाद हिंद फौज की स्थापना की और इसमें युवकों और युवतियों को भी शामिल किया।

सूत्रधार-1 : एक और बात बता दूँ, उनकी आज़ाद हिंद फौज में साठ फीसदी लोग दलित और पिछड़े हुए थे। यह बात बहुत कम लोगों को पता है। नेताजी ने कमजोर समाज के लोगों को भी अपने साथ जोड़ा, इसलिए भी वे नेताजी थे। सच्चे नेता। देखिए, आ रहे हैं- नेताजी सुभाषचंद्र बोस।

(नेताजी के रूप में किसी एक पात्र को तैयार किया जाए। अलग से भी किसी पात्र को नेताजी की पोशाक पहनाई जा सकती है।)

नेताजी : खून खून को पुकार रहा है... हथियार उठाओ... खामोश मत बैठो। दिल्ली चलो, दिल्ली चलो। दिल्ली का रास्ता आज़ादी का रास्ता है। तुम मुझे खून दो, मैं तुम्हें आज़ादी दूँगा। मेरी आज़ाद हिंद फौज ही ब्रिटिश हुकूमत से निपट सकती है। चलो, मेरे साथ चलो। सब लोग मिल कर बोलें- जय हिंद...। *(यहाँ नेताजी के भाषण और कुछ संवाद जोड़े जा सकते हैं।)*

(सारे कलाकार बोलते हैं- जय हिंद। फिर सामने आकर चारों ओर घूमते हुए गीत गाते हैं।)

गीत : *कदम-कदम बढ़ाए जा तू खुशी के गीत गाए जा*
ये जिंदगी है कौम की तू कौम पर लुटाए जा।
तू शेरे हिंद आगे बढ़, मरने से तू कभी न डर।
उड़ा के दुश्मनों के सिर जोशे वतन बढ़ाए जा।
कदम-कदम बढ़ाए जा, तू खुशी के गीत गाए जा।
चलो दिल्ली पुकार के, कौमी निशां संभाल के।
लाल किले पे गाड़ के, लहराए जा, लहराए जा।
कदम-कदम बढ़ाए जा, तू खुशी के गीत गाए जा।

सूत्रधार-1 : देश धीरे-धीरे आज़ादी की ओर बढ़ रहा था। 1942 का दौर। गांधी जी ने हुंकारते हुए कहा- अंग्रेजों भारत छोड़ो। उन्होंने देशवासियों से कहा- करो या मरो, अब देश को आज़ाद करो। बस, इसी प्रयास में प्राणोत्सर्ग कर दो। उनकी इस अपील का जबरदस्त असर हुआ। पूरे देश में बगावत की लहर-सी चल पड़ी। 1942 का वर्ष जैसे निर्णायक मोड़ लेकर आया। देश के हजारों वीर शहीद हुए। अंग्रेजों की नींद हराम हो गई। उनको यह बात समझ में आने लगी थी कि अब विदाई का समय करीब आ रहा है।

सूत्रधार-2 : जेलें अब भी क्रांतिकारियों से भर रही थीं। महादेव लोहार नामक 12 साल के बच्चे ने जेल में प्राणोत्सर्ग किया। हेमू कालाणी को फांसी पर लटका दिया गया। उस वक्त वह नाबालिग ही था। उधर मिदनापुर की 72 साल की विधवा मातंगिनी हाजरा को गोली से उड़ा दिया गया। वह एक जुलूस का नेतृत्व कर रही थी। असम की कनकलता भी शहीद हो गई। ऐसी अनेक वीरांगनाएं भारत मां की आज़ादी के लिए शहीद होने के लिए तैयार थीं।

सूत्रधार-1 : *(चेहरे पर प्रसन्नता के भाव के साथ)* और वह पल भी आ गया, जब अंग्रेजों ने अंतिम रूप से तय कर लिया कि अब देश छोड़ कर जाना है। लेकिन उनके शैतानी दिमाग में एक खुराफात पहले से ही पल रही थी। उसमें वे कामयाब हो गए। जी हाँ, जिन्ना की मदद से उन्होंने देश के दो टुकड़े कर दिए। हिंदुस्तान और पाकिस्तान। गांधी जी की एक न चली। वे अपने देश में बेगाने हो गए। उन्होंने तो कहा था कि भारत का बंटवारा मेरी लाश पर होगा। उन्होंने दुखी मन से कहा- लगता है कि मेरा जीवन कार्य संपूर्ण हो गया है। खैर, मित्रों, शहीदों का बलिदान रंग लाया और आखिरकार 15 अगस्त, 1947 को लाल किले की प्राचीर पर यूनियन जैक की जगह अपना तिरंगा फहरा उठा।

(तभी सारे कलाकार सामने आ जाएँ। एक हाथ में तिरंगा ध्वज रहे। सब नारे लगाएँ- वंदे मातरम्। ...भारत माता की जय।... दो-तीन चक्कर लगाने के बाद कलाकार रुक जाएँ)

सूत्रधार-1 : रवीन्द्रनाथ टैगोर के गीत को पूरे देश ने राष्ट्रगीत का सम्मान दिया। आइए, हम लोग भी नाटक के समापन पर इसी राष्ट्रगीत को दोहराएँ। और आप सब भी उसके सम्मान में खड़े हो जाएँ।

(सारे कलाकार तिरंगा लेकर सामने आकर एक साथ राष्ट्रगीत जन-गण-मन अधिनायक जय हे...गाते हैं और उसके समाप्त होने पर जय हिंद... जय हिंद... बोल कर हाथ जोड़ लेते है)

पर्दा गिरता है।

❋❋

2

होम-वर्क का भूत

1. गोलू - दस साल का बच्चा
2. माँ - पैंतीस-चालीस साल की महिला
(कोई किशोर बच्ची भी साड़ी पहन कर अभिनय कर सकती है)
3. भूत - (पन्द्रह-सोलह साल का किशोर बालक)

पर्दा खुलता है

(मंच पर गोलू का प्रवेश। कंधे पर लदा भारी बस्ता उतारते हुए बड़बड़ाता है।)

गोलू : *(दर्शकों की ओर देखकर)* समझ में नहीं आता कि हम बच्चों को बड़ों ने समझ क्या रखा है। इतनी किताबें, इतनी कापियाँ? बाप रे... पीठ दुखने लगती है, दम निकल जाता है। स्कूल में पढ़ो, फिर घर आकर होमवर्क करो। बस हर घड़ी पढ़ते रहो। टी.वी. मत देखो, खेलने मत जाओ। कम्पयूटर पर मत बैठो। पढ़ो, पढ़ो, बस पढ़ो। ये भी कोई जिंदगी है? हुँह। मैं...तो कल से स्कूल ही नहीं जाऊँगा। हाँ, (मंच पर इधर-उधर घूमते हुए) बहाना कर दूँगा कुछ भी। पेट दर्द का बहाना...? लेकिन पकड़ में आ जाऊँगा। पिछली बार डैडी ने दोस्त डॉक्टर का बुला कर लम्बा-सी सुई लगवा दी थी। उई... अभी तक याद है वो सुईं, *(मुस्कराता है)* तो क्या करूँ?

(माँ की आवाज़ लगाते हुए प्रवेश। हाथ में गिलास लेकर प्रवेश।)

माँ : अरे ओ गोलू? क्या कर रहा है मेरे लाल, पीले, हरे? (प्यार से गोलू का सिर सहलाते हुए) ले, बेटा, एक गिलास गर्मागर्म दूध पी ले। और....अभी तू यहाँ खड़ा किससे बातें कर रहा था?

गोलू : *(हड़बड़ा कर)* कि...किसी से तो नहीं, माँ। बस, ऐसे ही होमवर्क के बारे में सोच रहा था। याद कर रहा था कि क्या-क्या काम करना है अभी। माँ,

हम बच्चों पर पढ़ाई का कितना बोझ बढ़ गया है। क्या आप लोगों को भी हमारी तरह भारी-भरकम बस्ता उठाना पढ़ता था, इतना अधिक पढ़ना पड़ता था?

माँ : *(हंसते हुए)* बिल्कुल नहीं बेटे। हमको तुम्हारी तरह टेंशन का सामना नहीं करना पड़ता था। हमारा बस्ता भी हल्का होता था। लेकिन अब मजबूरी है। कम्पीटीशन का ज़माना है इसलिए कोर्स भी बढ़ गया है? हमारे समय कम्प्यूटर नहीं था। अब कम्प्यूटर आ गया है। फिक्र मत कर बेटे। धीरे-धीरे सब ठीक हो जाएगा। चल, थोड़ी देर टी.वी. में कार्टून वगैरह देख लो। फिर खा कर पढना और उसके बाद सो जाना।

गोलू : हाँ माँ। सोना है। क्योंकि सुबह जल्दी उठ कर स्कूल के लिए तैयार भी तो होना है।

माँ : *(मुस्कुराते हुए)* वाह बेटे, तू तो बड़ी समझदारी की बातें कर रहा है?

गोलू : *(दर्शकों की तरह देखकर हँसता है और कहता है)* आखिर बेटा किसका है। *(दोनों हँसते हैं। फिर प्रस्थान। फौरन गोलू का प्रवेश। अंगड़ाई लेते हुए कुछ गुनगुनाता है। फिर दो चक्कर लगता है।)*

गोलू : चलूँ। अब सोया जाए। माँ ने बिस्तर लगा दिया है। थक गया हूँ। अच्छी नींद आएगी। सुबह जल्दी उठाना भी है। उफ, ये उँगलियाँ भी दर्द कर रही हैं। कितना सारा होमवर्क करना पड़ा। *(दर्शकों की ओर देखकर हाथ फैलता है)* इत्ता सारा। स्कूल में इतनी पढाई है तो पता नहीं कॉलेज में कितनी होगी? *(हँसकर)* मेरा तो कचूमर ही निकल जएगा। हाय, ये सुबह रोज क्यों आ जाती है। काश, दो दिन बाद आती। *(हँसती है)* हफ्ते में तीन दिन ही स्कूल जाना पड़ता। फिर डट कर सोने का मज़ा लेते। खैर, ये तो होने से रहा। *(गोलू मंच के बीचों-बीच लेट जाता है। अब मंच पर हल्की-सी लाल रौशनी हो जाए। कुछ देर में सफेद वस्त्र में भूत का प्रवेश। वह गोलू के पास आता है। उसे झुककर देखता है और हँसता है। फिर मंच के किनारे खड़ा होकर कहता है)*

भूत : हा...हा...हा... यही है। बिल्कुल यही है वो बच्चा। इसी ने इंटरनेट के मध्यं से अपनी समस्या हम तक पहुंचाई थी। अभी जगाता हूँ इसे। बेचारा, चैन से सो रहा है। जगाऊं... या न जगाऊं? जगा देता हूँ, तभी तो बात हो पाएगी। *(गोलू के पास जाकर मधुर आवाज में कहता है)* गोलू, अरे गोल-मटोल गोलू बेटे। देखो कौन आया है?

(भूत गोलू को हिलाता है। गोलू हड़बड़ा कर उठ बैठता है। सामने एक व्यक्ति को देखकर चौकते हुए पूछता है।)

गोलू : *(हकलाते हुए)* क... कौन हैं आप? इतनी रात को? यहाँ? मेरे कमरे में? *(जोर से चीखता है)* चो...चोर। माँ...पिताजी, घर में चोर घुस गया है। जल्दी आइए।

भूत : *(हँसते हुए)* हा...हा...हा...। हम चोर नहीं हैं गोलू। हम भूत हैं, भूत।

गोलू : *(रोने का अभिनय करते हुए)* भू...भूत...? बाप रे। पिताजी, जल्दी आओ।

भूत : घबराओ नहीं। मैं सीधा-सादा भूत हूँ। तुमको कुछ नहीं करूँगा।

गोलू : मैंने भूतों के बारे में सुना है। वे भुत डरावने होते हैं। *(भूत का चेहरा देखते हुए)* मगर... तुम तो वैसे नहीं हो? *(हंसकर)* तुम भूत नहीं हो। तुम मजाक कर रहे हो न?

भूत : मैं भूत ही हूँ। दिखाऊं चमत्कार? देखो *(ताली बजाए, तो सफेद लाइट जल जाए। फिर ताली बजाए, तो लाल लाइट जल जाए)* देखो, मेरा चमत्कार। मैं होमवर्क का भूत हूँ।

गोलू : *(खुश होकर)* तो फिर तुम मेरा होमवर्क निबटा दो न? मैं तुम्हें चॉकलेट खिलाऊंगा।

भूत : *(नाराज होकर)* तुम मुझे रिश्वत देना चाहते हो? ये बुरी बात है। मैं तुमसे बिना कुछ लिए तुम्हारी मदद करने आया हूँ।

गोलू : सच...? भूत अंकल आप मेरी मदद करेंगे? आप कितने अच्छे हैं।

(इतना बोलकर गोलू उसकी पीठ पर स्वर हो जाता है। भूत उसे अलग करता है।)

भूत : भूत से मजाक नहीं करते गोलू। मैं वापस चला जाऊंगा।

गोलू : सॉरी भूत अंकल। *(अलग होकर)* अच्छा, अब बोलीए, आप कैसी मदद करेंगे?

भूत : तुम जैसा बोला, वैसी मदद।

गोलू : तो फिर ऐसा कुछ कीजिए न कि कल से होमवर्क मिलना ही बंद हो जाए। मज़ा आ जाएगा।

भूत : नहीं, ये नहीं हो सकता। मैं तो होमवर्क का भूत हूँ। अगर होमवर्क नहीं रहेगा, तो मैं कहाँ रहूँगा। इसलिए होमवर्क जरूरी है। यही मेरी मजबूरी है।

गोलू : *(रूठते हुए)* तो फिर तुम मेरी मदद क्या करोगे? जाओ, मुझे चैन से सोने दो। पूरा मूड चौपट कर दिया। हाँ नहीं तो। हुँह। *(सोने लगता है)*

भूत : *(हँसकर)* नाराज हो गए बालक? अरे, तुम चिंता क्यों करते हो? होमवर्क से घबराते क्यों हो? तुम्हारा सारा का सारा होमवर्क मैं कर दिया करूँगा। अब तो खुश?

गोलू : वाह? क्या ऐसा हो सकता है? तब तो मज़ा आ जाएगा। अब मिले जितना होमवर्क मिलना है। आप मेरा बोझ हल्का कर देंगे, तो आपको रोज थैंक्यू बोला करूँगा। माँ कहती है कि कोई तुम्हारी मदद करे तो उसे थैंक्यू बोलना चाहिए। तो, भूत अंकल, आपको एडवांस में थैंक्यू।

भूत : हे...हे..हे। मेंशन नॉट। लेकिन मेरी एक शर्त है।

गोलू : बोलो, क्या शर्त है?

भूत : वो यह कि जब मैं तुम्हारा होमवर्क करूँगा, तब तक तुम अच्छी-अच्छी किताबें पढ़ोगे। आजकल के बच्चे केवल टी.वी. देखते हैं। चैनल बदलते रहते हैं पढ़ते नहीं। हमारे लेखकों ने कितनी अच्छी-अच्छी किताबें लिखी हैं। बच्चों के लिए खूब सारा साहित्य है। उसे पढ़ना होगा।

गोलू : मैं कोर्स की किताबें तो रोज पढ़ता हूँ। उसके अलावा भी किताबें पढ़नी पड़ेंगी।

भूत : बिल्कुल...और वो इसलिए कि कोर्स की किताबों के बाहर भी एक सुंदर दुनिया है...किताबों की। तुम उनको देखो, पढ़ो और अपना जीवन गढ़ो। बोलो, मंजूर है?

गोलू : *(चेहरा लटाक कर)* मंजूर है। इसमें क्या तकलीफ होगी। मैं रोज नई-नई किताबें पढ़ा करूँगा। तुम जो किताब कहोगे, उसे पढ़ूँगा।

भूत : शाबाश, मेरे शेर। तो लाओ, अपने होमवर्क। उन्हें मैं निबटाता हूँ। और लो ये पुस्तकें। *(भूत मंच के पीछे जाता है और कुछ किताबों के साथ लौटता है।)* तुम इन्हें पढ़ो। मैं होमवर्क कर रहा हूँ। ध्यान रहे, अगर तुम सोने लगोगे तो मैं भी सोने लगूँगा, हाँ।

गोलू: *(पुस्तकें लेकर उन्हें देखता है)* बिल्कुल नहीं सोऊँगा पढ़ूँगा। *(मंच के किनारे आकर दर्शकों की ओर देखते हुए)* अरे देवा-रे-देवा, कहाँ फँस गया? होमवर्क से छूटा तो इन किताबों ने घेर लिया? मतलब ये है कि पढ़ने से पीछा नहीं छूटने वाला? खैर, होमवर्क से बचना है तो इनको पढ़ना ही पड़ेगा, बाबा।

(गोलू एक किताब खोल कर पढ़ रहा है। दूसरे कोने में भूत बना पात्र गोलू का बस्ता खोल कर होमवर्क कर रहा है। गोलू और भूत पर रौशनी पड़

रही है। बाकी मंच पर अंधेरा या लाल प्रकाश। गोलू को बीच-बीच में नींद आ रही है। वह बार-बार इधर-उधर लुढ़कता है फिर संभल जाता है। आंखें मलते हुए किताब पढ़ रहा है। भूत उसे गौर से देख रहा है और मुसकरा रहा है। कुछ देर बाद गोलू हाथ में रखी किताब को बंद करके दूसरी तरफ रख देता है। भूत भी लिखना बंद करके गोलू का बस्ता बंद कर देता है।)

भूत : *(अंगड़ाई लेते हुए)* बाप रे, बहुत मेहनत करते हो तुम लोग। तुम लोगों को तो तेल निकल जाता होगा। बच्चों को इतना होमवर्क देना उनके साथ अन्याय है। बेचारे स्कूल भी जाएँ और घर लौट कर इतना अधिक होमवर्क भी करें? बहुत बेइंसाफी है। मैं इसके खिलाफ आवाज उठाऊँगा। मगर मेरी आवाज सुनेगा कौन? मैं तो भूत हूँ। हा हा हा हा।

गोलू : थैंक्यू भूत अंकल। आपने मेरा काम कर दिया। आप कितने अच्छा हैं। रोज आया कीजिए। मैं रोज किताबें पढ़ूँगा और आप मेरा होमवर्क कर दिया करना।

भूत : वा बेटे, मुझे बकरा समझ लिया है क्या? मैं देख रहा था तुम पढ़ नहीं रहे थे, पन्ने पलट रहे थे। खैर, चलो, इसी बहाने तुमने कोर्स के बाहर की किसी पुस्तक को उठाया, पलटाया तो सही। मुझे विश्वास है कि तुम टी.वी. से चिपकने की बजाय ऐसी ही किताबों से चिपकोगे। इससे तुम्हारा ज्ञान बढ़ेगा। समझ बढ़ेगी।

गोलू : ठीक कहते हैं अंकल आप। मैं मन लगा कर पढ़ूँगा। पिताजी के पास ऐसी अनेक पुस्तकें रखी हैं। अब मैं उनको रोज पढ़ा करूँगा। टी.वी. कम देखूँगा, प्रॉमिस।

भूत : ये हुई न कोई बात। तो चलता हूँ। कल फिर आऊँगा। तुम्हारा होमवर्क करने। मगर पूरा का पूरा नहीं करूँगा। तुमको भी साथ देना होगा। और ध्यान रखो, अपना काम खुद करना चाहिए। मैं जानता हूँ कि आजकल बहुत-सी माताएँ बच्चों के होमवर्क करती हैं और बच्चे टी.वी. देखते रहते हैं। ऐसा करने से बच्चे को विकास कैसे होगा? बच्चों को काम बच्चों को ही करने दो। (गोलू के कंधे पर हाथ रख कर) अच्छा गोलू, अब मैं चलूँ। तुम चैन से सो जाओ अब।

गोलू : जी, बहुत नींद आ रही है।

(हाथ हिलाकर भूत का प्रस्थान। गोलू अपनी निर्धारित जगह पर लेट जाता है। कुछ देर बाद उसकी माँ की आवाज गूँजती है और माँ का प्रवेश।)

माँ : अरे गोलू बेटे, अब तक सो रहा है। कितनी देर से आवाज लगा रही हूँ। आज तू बड़ी गहरी नींद में था। कहीं कोई सपना तो नहीं देख रहा था। *(मुसकरा कर बोलती है)* सपने में कोई परी आई थी क्या?

गोलू : परी नहीं, भूत अंकल आए थे माँ। वे मेरा होमवर्क कर रहे थे। देखो, मेरा होमवर्क उन्होंने ही किया है।

(गोलू बस्ता खोलता है। अपनी एक कॉपी देखता है और चेहरा लटका कर।) अरे, ये तो कोरी-की-कोरी है। भूत अंकल ने कहा था कि मैंने तुम्हारा होमवर्क पूरा कर दिया है।

माँ: *(हँसकर)* बेटा, तुमने सपना देखा था। और यह मत भूलो कि हमें अपना काम खुद करना पड़ता है। कोई दूसरा नहीं आएगा करने। और दूसरे के भरोसे रहने वाले कभी आगे नहीं बढ़ते। समझे न? चलो, फटाफट तैयार हो जाओ। तुम्हारी बस तो छूट गई है। आज तुम्हारे पापा को ही तुम्हें स्कूल छोड़ना पड़ेगा।

गोलू: *(मंच के इधर-उधर घूम कर बोले)* कितना प्यारा सपना था।... काश, ये सपना सच हो जाता। सचमुच कोई भूत होता और वो आता फिर मेरा होमवर्क पूरा कर देता।

माँ : बेटा, ये होमवर्क का भूत है। हर बच्चे के दिमाग में सवार रहता है। इसलिए उनको सपना आता है कि कोई उनका होमवर्क पूरा कर रहा है। लेकिन सच्चाई कुछ और होती है। हमें अपना काम खुद करना पड़ता है। बड़ा आदमी बनना है तो खुद लगना होता है। चलो, अब तैयार हो जाओ।

गोलू : ठीक है माँ। जा रहा हूँ। लेकिन मेरे होमवर्क का क्या होगा?

माँ : *(हँसकर)* वो मैं नहीं करने वाली। आएंगे तेरे भूत अंकल वहीं करेंगे। जा बेटे, स्कूल में डाँट खाने के लिए तैयार रहो।

गोलू: *(हँसते हुए)* इसमें कौन-सी नई बात है। आज फिर खा लूँगा।

माँ : शैतान कहीं का। मारूँगी हाँ।

(इतना बोल कर गोलू के पीछे दौड़ती है। गोलू हँसते हुए मंच के एक-दो चक्कर लगाता है। माँ हँसकर पीछे-पीछे दौड़ती है।)

पर्दा गिरता है

3

जंगल में शेर

पात्र परिचय

1. लड़का - 1
2. लड़का - 2
3. लड़का - 3
4. लड़की - 1
5. शेर की पोशाक एवं मुखौटे में बहुरूपिया
(सभी की उम्र 10-15 के बीच)

पर्दा खुलता है

(सारे पात्रों का मंच पर प्रवेश। शेर बना बहुरूपिया दर्शकों की तरफ पीठ करके गठरी की तरह लेटा हुआ है। मंच पर सामान्य प्रकाश है।)

लड़का-1 : मैं बहादुर हूँ। भले ही बच्चा हूँ।

लड़का-2 : तो मैं कौन-सा कच्चा हूँ? पहलवान का बच्चा हूँ। चाहे तो जंगल जाकर शेर से भिड़ जाऊँगा। बोलो तो सही पहाड़ पर चढ़ जाऊँगा।

लड़का-1: तो फिर चलें जंगल की ओर।

लड़का-2 : यार, तुम फिर करने लगे बोर? मत करो शोर, चलो, अभी चलो जंगल की ओर।

लड़का-3 : जब कार्यक्रम बन गया तो सवाल कैसा?

लड़की : बार-बार का ये बवाल कैसा?

लड़का-2 : तो चलें?

लड़का-3 : यहाँ से तो टलें।

लड़का-2: *(डर का अभिनय करते हुए)* बाप रे, मर जाएँ भले?

लड़की : लो, तुम डरने लगे?

लड़का-1 : जीते-जी मरने लगे?

लड़का-3 : यार, तुम तो गजब करने लगे?

लड़की : तुम इतना घबरा क्यों रहे हो? घबरा रहे हो तो हमारे साथ आ क्यों रहे हो?

लड़का-1: हमारे रहते डर कैसा?

लड़का-3 : निबटेंगे अब होगा जैसा। अरे, जंगल भी है घर के जैसा।

लड़की : देखो, मैं लड़की हूँ। भय से मेरा नाता नहीं।

लड़का 1, 3 : *(एक साथ)* हम बच्चों को भी भय से नाता नहीं।

(लड़का-2 अब मुसकराता है।)

लड़का-1 : वाह, ये हुई न कोई बात। बहादुर ही देते हैं सबको मात।

लड़का-2: *(चारों ओर देखते हुए)* ड....ड...डरूँगा नहीं, भले ही हो रही है रात।

(मंच पर धीरे-धीरे रौशनी कम होती जाए।)

लड़की : और अब जंगल भी जंगल कहाँ रहे?

लड़का-3 : न ज्यादा पेड़, न जानवरों की भरमार।

लड़का-1 : न शेर है, न सियार है। चमत्कार।

लड़का-2: लेकिन रहना तो पड़ेगा होशियार?

(लड़का-2 की ओर उँगली दिखाकर सभी पात्र हँसते हैं।)

लड़की : देखो, तुम फिर डर रहे हो?

लड़का-1 : आज तो तुम बहुत ही तमाशा कर रहे हो?

लड़का-3 : ऐसा ही था तो तुम क्यों यहाँ आए?

लड़का-1: हम लोगों के साथ कार्यक्रम क्यों बनाए?

लड़की : जंगल चलेंगे, जंगल चलेंगे का कर रहे थे शोर। अब आ गए हो तो कर रहे हो बोर?

लड़का-2 : सॉरी, वैरी-वैरी सॉरी।

लड़को और बाकी पात्र: *(हाथ जोड़ कर)* हम सब हैं आपके बड़े ही आभारी।

लड़का-1 : अब आगे तो बढ़े अपनी सवारी।

लड़का-3 : ठीक बोलते हो बनवारी।

लड़की: *(मुसकराते हुए)* चलिए जी जगतमुरारी।

लड़का-1 : लेकिन सबसे पहले मेरी बारी।

लड़का-2 : वाह रे चमत्कारी। सबसे पीछे मैं रहूँगा गिरधारी।

(सारे पात्र हँसते हैं। एक-दूसरी को देखते हुए इशारों में कहते हैं कि ये डर रहा

है। सारे पात्र मंच के दो चक्कर लगाते हैं। इधर-उधर देखते हैं। तभी लड़का-1 मंच के किनारे जाकर रुक जाता है जहाँ बहुरूपिया सोया हुआ है।)

लड़का-1 : ठहरो। देखो। वहाँ कोई पड़ा है। अपने रास्ते में अड़ा है।

लड़का-2 : तू तो बड़ा सिरफिरा है।

लड़का-3 : लगता है अब ये डरा है।

लड़की : बताओ तो सही, क्या पड़ा है। अब यहाँ क्या लफड़ा है?

लड़का-1 : देखो, उस ओर *(उँगली से इशारा करता है)* देखो, कोई सुस्ता रहा है? कोई मुसाफिर है शायद दूर से आ रहा है?

(सारे बच्चे आँखें मलते हुए देखने की कोशिश कर रहे हैं।)

लड़का-2 : अंधेरे में आँखें हो जाती हैं कमजोर।

लड़का-1 : लगाओ कुछ तो जोर।

लड़की: *(गौर से देखते हुए)* हाँ कुछ तो नजर आ रहा है? चलो, पास जाकर देखते हैं।

लड़का-2 : मु...मुझे तो लगता है शेर है।

लड़का-1: तू आदमी है कि अंधेर है? तुम थोड़ी-थोड़ी देर में डर जाते हो? दिल के कच्चे हो।

लड़की : कैसे डरपोक बच्चे हो?

लड़का-2: *(गुस्से में)* तो तुम लोग बड़े बहादुर हो, सच्चे हो? तो फिर जाओ न उसके पास।

लड़की- 1 : मत करो बकवास। हम हिम्मत वाले हैं।

लड़का-3: *(हाथ जोड़कर)* भगवान हम सबके रखवाले हैं।

लड़का-1 : *(गठरी बन कर लेटे बहुरूपिया को इधर-उधर जा कर देखते हुए)* लेकिन समझ में तो आए कि ये क्या है? कोई जानवर है या इंसान है?

लड़का-3 : यार, तू भी बड़ा नादान है।

लड़का-1 : अरे हाँ यार, इस जंगल में अभी इंसान कहाँ से आएगा?

लड़का-2 : तो हम लोग क्या है जानवर?

(सब हँसते हैं।)

लड़का-1: *(बहुरूपिये को छू कर देखने के बाद आवाज को गंभीर बना कर धीरे से कहता है)* : अरे, ये तो शेर है?

लड़का-3 : चुप कर। तेरी आंख है या बटेर है?

लड़का-1 : इधर से देखो, शेर की खाल साफ नज़र आ रही है।

लड़की : ठीक कह रहे हो।

लड़का-1: लगता है कोई राहगीर है, थक कर सो रहा है? गठरी बन कर लेटा है।

लड़का-2 : मेरी तरह किसी बहादुर का बेटा है।

(सब बच्चे मुँह दबाकर लड़का-2 की ओर उँगली उठाकर बिना आवाज किए ताँते हैं।)

लड़का-1 : सोने वाले की जैसी मर्जी।

लड़का-3 : सोने के लिए किसी को थोड़े न देगा अर्जी।

लड़का-2 : कि हम ऐसे लेटे या वैसे।

लड़की : लेकिन ये सचमुच में शेर है. ये पता चलेगा कैसे?

लड़का-1 : इसके पास जाते हैं। इसको फौरन जगाते हैं।

लड़का-3 : मिल-जुल कर पलटाते हैं।

लड़की : आओ, साहस हम दिखाते हैं।

लड़का-2: *(पीछे हटते हुए)* हम पीछे खड़े होकर जोर लगाते हैं।

(सब मुँह पर हाथ रख कर हँसते हैं।)

लड़का-1 : हे भगवान, इस डरपोक ने कर दिया हलाकान।

लड़का-3: ये तो बड़ा कायर निकला।

लड़की : फटा हुआ टायर निकला। हुँह। ऐसा कर तू वहाँ जाकर बैठ। हम लोग देखते हैं।

(लड़का-2 किनारे चला जाता है और झुक-झुक कर देखने का अभिनय करता है। बाकी पात्र बहुरूपिया के बिल्कुल पास पहुँच कर उसे झुक कर देखते हैं।)

लड़का-1 : स...संभल कर।

लड़का - 3: *(मुसकराते हुए)* लगता है अब तुम घबरा रहे हो।

लड़की : तुम भी अब गुल खिला रहे हो।

लड़का-1 : तुम लोग मुझे ही चिढ़ा रहे हो? मैं डरपोक नहीं, सावधानी की बात कह रहा हूँ।

लड़की : ठीक कह रहे हो। जो बच्चे होते हैं सावधान, उनका कभी भी नहीं होता कोई नुकसान।

लड़का-3 : ये है गीता का ज्ञान?

लड़की : ठीक कहते हैं श्रीमान्।

लड़का-1 : तो चलो, थोड़ा और आगे बढ़ें।

लड़की : संभल कर हमला न करे दे।

लड़का-2: *(जोर से आवाज देता है)* हाँ, ये ठीक है। देख लो कि शेर है या सियार है।

लड़का-3: *(मुसकराते हुए)* यार, तू तो बड़ा होशियार है?

लड़का -2 : थोड़ी-सी नादानी में जान जा सकती है।

लड़का-1 : लेकिन हम बच्चों में बड़ी शक्ति है।

लड़की : वैसे शेर हो या सियार। हमको रहना होगा होशियार।

लड़का-1 : भले ही हमारे पास नहीं है हथियार...लेकिन हम करेंगे मुकबला।

लड़का-2 : *(मुँह दबा कर हँसता है। दर्शकों की ओर देखकर)* ये करेंगे मुकाबला? भगवान करें इनका भला।

(शेर के गुर्राने की आवाज।)

लड़का-1 : शेर की आवाज?

लड़का-3 : लेकिन ये इस शेर की नहीं है।

लड़का-1: कहीं दूर से आ रही है। ए रेखा, क्या घबरा रही है?

लड़की : हम भी इंसान हैं। डर तो लगेगा ही मगर हम सावधान हैं।

लड़का-2 : मुझे तो डर के मारे सू-सू लग रही है। मैं तो चला। उस पेड़ के पीछे छिप जाता हूँ।

(लड़का-2 मंच के किनारे खड़े हो कर झांकता रहे और कुछ-न-कुछ एक्टिंग करता रहे।)

लड़का-3: मुझे लगा गुर्राने की आवाज इसी की थी।

लड़की: हो सकता है आस-पास कोई दूसरा शेर हो।

लड़का-2 : बाप रे बाप, दो-दो शेर। इनका तो हो गया काम तमाम। इनकी रक्षा करना हे राम। बाप रे बाप।

लड़का-1 : तुम तो वहीं बैठे रहो चुपचाप।

लड़का-3: *(लेटे हुए आदमी को झुक कर देखते हुए)* ये कोई आदमी है। मेरा तो यही ख्याल है।

लड़की : मतलब इसके ऊपर केवल शेर की खाल है? कमाल है।

लड़का -1 : ये तुम कैसे कह सकते हो?

लड़का-3 : इसकी बनावट आदमी के जैसी है।

लड़का-1: वाह, आदमीनुमा शेर, अंधेर है अंधेर।

लड़का-2: तो पकड़ लो न, क्यों कर रहे हो देर?

लड़की : तुम चुप रहो, हमें अपना काम करने दो। तुम तो लेते रहो ऊपर वाले का नाम।

लड़का-1: अल्ला, गॉड, वाहे गुरु, या जय-जय श्री राम।

लड़की: (हँसकर) जिससे भी चल जाए तुम्हारा काम।
(फिर गुर्राने की आवाज़। सारे पात्र इधर-उधर देखते हैं।)

लड़का-2: *(हँसता है और दर्शकों की ओर देख कर कहता है)* ये तो गए। अरे, भाग लो, अभी भी मौका है। ये बहुत बड़ा धोखा है।

लड़का-1 : ये आवाज नहीं, धोखा है।

लड़का-3 : अपने भ्रम का गोता है? दरअसल भय का भूत होता है।

लड़की : तब गीदड़ भी शेर लगता है।

लड़का-1 : चलो, हम अपना काम करें। बिना डरें।
(बहुरूपिया को हिलाता है। वह हिलता है।)

लड़का- 2: बाप रे, शेर जागा। मैं तो भागा।

लड़का-1 : चुप कर।

लड़की : वहीं बैठे-बैठे डर। डर कर मर। जा भाग जा, हमें अपना काम करने दे।
(लड़का-2 परदे के पीछे चला जाता है। सारे पात्र मंच के सामने खड़े होकर गीत गाते हैं।)

उठो, चलो,
रुको नहीं,
बढ़ते जाना है
डरो नहीं,
मौत से
लड़ते जाना है।

(सारे पात्र दो-तीन बार ये पंक्तियाँ दुहराएँगे। फिर वे बहुरूपिया के पास आकर उसे हिलाते हैं। वह थोड़ा हिलता है। लड़का-2 परदे से झांकता है और मुसकराता है।)

लड़का-2 : ये तो गए।
(सभी पात्र बहुरूपिया को हिलाते हैं। वह धीरे-धीरे हिलता है, फिर बैठ जाता है और खड़ा होकर बच्चों को देखता है। बच्चे थोड़ा पीछे हो जाते हैं। मंच पर हल्का-सा प्रकाश।)

लड़की : *(बहुरूपिया को गोर से देखते हुए)* ये कैसा शेर? इसके तो इंसानों की तरह हाथ और पैर?

लड़का- 1: क्या शेर भी इंसानों की तरह चलने लगे हैं?

लड़का- 3 : या आदमी शेर बन कर छलने लगे हैं?

लड़की : तुम कौन हो?

लड़का-1 : बोलो न, क्यों मौन हो?

(शेर बना बहुरूपिया अपने चेहरे से मुखौटा हटाता है।)

बाकी पात्र : अरे, ये तो आदमी है? *(ताली बजाकर हँसते हैं।)*

लड़की : तुम जंगल में यहाँ क्या कर रहे थे?

बहुरूपिया : पहले तुम लोग बताओ कि तुम लोग यहाँ क्या कर रहे थे?

लड़का-1 : हम लोग जंगल घूमने आए थे।

लड़की : प्रकृति माँ को चूमने आए थे।

लड़का-3 : हम किसी से कम नहीं, यह बताने आए थे।

लडका-2 : *(दौड़कर आता है और बोलता है।)* हम बहादुर बच्चे हैं, ये दिखाने आए थे। *(बाकी बच्चे हँसते हैं।)*

लड़का-3 : हाँ-हाँ, तू सबसे बड़ा बहादुर है। चुपचाप खड़ा रहे।

बहुरूपिया : क्या तुम लोग अपने बड़ों से पूछकर यहाँ आए थे?

लड़का-1 : नहीं तो...।

लड़का-3 : हम बहादुर बच्चे हैं। घर वालों से क्यों पूछेंगे। पूछते तो वे आने नहीं देते।

बहुरूपिया : ये तो गलत बात है बच्चो। हर काम बड़ों से पूछकर करना चाहिए। घर वाले परेशान होंगे कि बच्चे कहाँ हैं। यहाँ तो मोबाइल फोन भी काम नहीं करता न।

लड़की : ठीक कह रहे हैं आप? सॉरी अंकल।

लड़का-1 : आज से हम कभी भी ऐसा नहीं करेंगे। चलते-चलते हम यहाँ पहुँच गए। पता नहीं अब घर कैसे पहुँच पाएँगे?

लड़का -3 : हमें कुछ हो गया तो माता-पिता कितना दुख पाएँगे।

लड़का- 2 : लेकिन आप कौन हैं?

बहुरूपिया : मैं तो बहुरूपिया हूँ?

सारे पात्र : बहुरूपिया?

लड़की : हमने रुपिया सुना था, ये बहुरूपिया क्या है?

बहुरूपिया: (हँसकर) बहुरूपिया नहीं जानते? अरे बच्चों, मैं अपने रूप बदल कर घूमता-फिरता हूँ। मुझे देख कर लोग पैसे देते हैं। तरह-तरह के तमाशे दिखाता हूँ। इस तरह पैसे कमाता हूँ। आज शेर बनकर सबका मन बहला रहा था। दूसरे गाँव से थका-मांदा आ रहा था। गिर गया तो लग गई थी।

लड़का-1 : अरे, कैसे गिर गए, कहाँ लग गई?

बहुरूपिया: *(जोर से हँसने के बाद)* अरे, थककर यही गिर गया था, तो नींद लग गई थी।

(सब बच्चे हँसते हैं।)

लड़का-2 : ओह, मतलब आप थककर सो गए थे।

लड़की : और सपनों में खो गए थे?

बहुरूपिया : तुम लोगों को डर नहीं लगता?

लड़की : डर..? कैसा..? किससे?

बहुरूपिया : भूत से, जंगली जानवरों से।

लड़का-1: हमारे मम्मी-पाता तो यही बताते है। भूत-वूत सब बेकार की बातें हैं।

लड़का -3 : और जब से जंगल कटने लगे हैं। जानवर भी दूर भागने लगे हैं।

लड़का-2 : लोग पेड़ों को नहीं, खुद को काटने लगे हैं।

बहुरूपिया : जो भी हो, तुम लोगों को बिना पूछे नहीं आना चाहिए था।

सारे बच्चे : *(कान पकड़ कर)* सॉरी बहुरूपिया अंकल, अब हम ऐसा कभी नहीं करेंगे।

बहुरूपिया: *(मुसकराता है)* शाबाश, और अब तुम लोगों को धन्यवाद कि तुमने मुझे जगा दिया वरना सोता ही रह जाता।

लड़का-2: और आपके घर वाले भी परेशान हो जाते।

लड़की : रात भर सो नहीं पाते।

(सभी पात्र हँसते हैं।)

बहुरूपिया : वाह री मेरी अम्मा, तुम बड़ी सयानी हो। प्यारी-सी बिटिया रानी हो।

लड़की : टी.वी. नहीं देखती हूँ न, इसलिए।

लड़का-2 : वाह, जैसे टी.वी. देखने वाले गधे होते हैं?

लड़का-1: *(लड़का-2 के कंधे पर हाथ रखकर)* होते तो नहीं हैं, मगर हरकते गधों जैसी करते हैं।

(बाकी बच्चे हँसते हैं। लड़का-2 रूठने जैसा चेहरा बनाता है)

लड़की : टी.वी. पर विज्ञापनों की बहार रहती है। धंधे की बौछार रहती है। समाचार कम, गप्पबाजी अधिक होती है।

लड़का-3 : ज्यादा टी.वी. देखो तो दिमाग में घटिया विज्ञापनों और सीरियलों का कचरा जमा होता है।

लड़का-1 : सोचने-विचारने का सिलसिला थमा होता है।

लड़का-2 : इससे क्या होता है? क्या फर्क पड़ता है?

लड़की : देखिए न अंकल, ये बहुत लड़ता है।

बहुरूपिया: *(मुसकराकर)* देखा बच्चों, रात काफी हो रही है। अब तुम लोग सीधे घर जाओ। तुम्हारे माता-पिता चिंतित हो रहे होंगे।

लड़का-2: *(रोनी सूरत बनाकर)* मेरे डैडी तो बहुत रो रहे होंगे।

बहुरूपिया : इधर से जाना। जल्दी पहुँच जाओगे। मैं तो चला अपने गाम। सबको राम-राम।

लड़की : ठीक है अंकल, बाय-बाय, टा-टा।

(बहुरूपिया हाथ हिलाकर चला जाता है।)

लड़का-2 : ये आदमी सचमुच बहुरूपिया ही था न? पता नहीं, शेर था या भूत?

लड़की : वाह रे मेरे बहादुर सपूत।

लड़का-1 : वाह रे, कायर।

लड़का-3 : फटे हुए टायर।

लड़का- 2: ठीक है, ठीक है। अब ज्यादा तुक मत मिलाओ, घर की ओर जल्दी-जल्दी कदम बढ़ाओ।

लड़की : और पिटने के लिए तैयार हो जाओ।

(सारे बच्चे जोर से खिलखिला कर हँसते हैं और प्रस्थान करते हैं।)

पर्दा गिरता है।

❊❊

4

गोलू और परी

पात्र परिचय

1. गोलू - उम्र लगभग आठ-दस साल

2. परी - उम्र लगभग पन्द्रह साल

3. सूत्रधार - उम्र पन्द्रह-सोलह साल या इससे भी ऊपर

4. गोलू के पिता - रमेश, उम्र बंधन नहीं

5. चार - पाँच सहायक कलाकार

नोट

1. प्रस्तुत एकांकी में मंच सज्जा की ज़रूरत नहीं। मंच पर सादा पर्दा ही पर्याप्त है। पर्दा खुलने के बाद बार-बार गिराने की आवश्यकता नहीं।
2. परी सफेद वस्त्रों में ही रहे। गोलू और सभी पात्र *(पिता को छोड़कर)* सामान्य या फिर स्कूली

पोशाकों में भी रह सकते हैं।

3. तुक वाले संवादों को कविता की तरह बोला जाए।
4. निर्देशों को सावधानी के साथ पढ़ें।

पर्दा खुलता है

(मंच के किनारे एक बाल कलाकार सूत्रधार के रूप में खड़े होकर गा रहा है। चाहें तो संगीत का इस्तेमाल कर सकते हैं।)

सूत्रधार : ***सारे दर्शकों को प्रणाम कर,***
नाटक हम दिखलाते हैं।
गोलू और परी का किस्सा,
सबको आज सुनाते हैं।
एक था लड़का बड़ा उधमी,
गोलू उसका नाम।
पढ़ना-लिखना उसे न भाता,
खेलकूद था उसका काम।
उसके मम्मी-पापा उसको,
रोज-रोज समझधाते।
अच्छे बच्चे पढ़ने में ही,
बेटा ध्यान लगाते।

(मंच पर गोलू अपने चार साथियों के साथ गोल-गोल घूम रहा है, बच्चे हँस रहे हैं, शोर मचा रहे हैं। बीच-बीच में एक-दूसरे के साथ मारपीट का आभिनय भी कर रहे हैं तभी गोलू के पिताजी का प्रवेश।)

रमेश : *(गुस्से में)* गोलू बेटे, ये क्या तमाशा लगा रखा है तुमने, रोज-रोज शैतानी, उछल-कूद, टी.वी. देखना, लोगों से मारपीट करना! क्या इस बार भी फेल होने का इरादा है? तुम तो मेरी नाक कटाने को तुले हो बेटे!

गोलू : सॉरी डैडी! बस, थोड़ी देर और खेल लूँ, फिर पढ़ाई करूँगा न। भगवान कसम!

रमेश : *(गोलू का कान पकड़कर)* समय बाद में खाना, पहले खाना खा लो। मम्मी तुम्हारा इंतज़ार कर रही हैं।

गोलू : *(खुश होकर)* खाना? *(दोस्तों की ओर देखकर)* अच्छा मैं चलता हूं। तुम लोग जाना मत! मैं खाना खाकर अभी आता हूँ।

(दौड़ते हुए मंच के दूसरी ओर चला जाता है।)

रमेश : *(गोलू के दोस्तों से)* तुम लोग क्या कर रहे हो यहाँ? भागो! जाओ!! खुद बिगड़ रहे हो और गोलू को भी बिगाड़ रहे हो!!!

एक बालक: *(हँसते हुए)* अंकल, हम लोग खाना खाकर आ रहे हैं घर से। थोड़ी देर खेल लें, फिर चले जाएंगे।

रमेश : *(गुस्से में मारने के लिए हाथ उठाकर)* जाओ और चुपचाप पढ़ाई करो! वरना लगाऊंगा दो-दो चपत, समझे?

(सभी बच्चे हँसते हुए चले जाते हैं। सूत्रधार गाना शुरू करता है, तभी गोलू का प्रवेश। वह इधर-उधर देख रहा है।)

सूत्रधार: ***गोलू भोजन करके आया,***
देखा चारों ओर।
कहीं नहीं थे उसके साथी
हुआ बेचारा बोर
क्या करे, कहाँ जाए
कुछ भी उसके समझ न आए
हूं, क्यों न टी.वी. देखा जाए।

(गोलू मंच के बीच बैठकर ऊपर की ओर कुछ देखने का अभिनय करने लगता है। खुश होकर अपन सिर हिलाता है। सूत्रधार का गाना जारी...)

सूत्रधार : ***टी.वी. लगा देखने गोलू,***
फिर उसमें ही खो गया।
थोड़ी देर में नींद आ गई,
गोलू वहीं पर सो गया।

(तभी उड़ने का अभिनय करते हुए परी का प्रवेश। हाथ में छोटी-सी छड़ी।)

सूत्रधार : ***गोली सोया था इतने में,***
एक परी रानी आई।
गोलू को देख कर सोता,
वह धीरे से मुसकाई।
फिर गोलू के सिर पर उसने,
रखा प्रेम से हाथ।
उठो, उठो ओ प्यारे गोलू,
चलो हमारे साथ।

परी : *(गोलू के सिर पर हाथ फेरते हुए)* उठो गोलू, उठो, तुमको / परी लोक ले जाऊँगी / वहाँ की दुनिया मज़ेदार है / उसकी सैर कराऊँगी। *(गोलू धीरे-धीरे उठता है। आँखें मलते हुए परी की ओर देखता है।)*

गोलू : कौन? कौन हो तुम?

परी : *(खिलखिला कर हँसती है)* मुझे नहीं पहचाना? अरे, मैं हूँ परी / स्वर्ग से उतरी/पास तुम्हारे आई हूँ / परीलोक की सैर कराने / पंख सुनहरे लाई हूँ।

गोलू : नहीं, मैं नहीं जाऊँगा परीलोक। मुझको सोना है!

परी : *(हँसते हुए)* जो बच्चे सोऽते हैं बेटे / वे सब कुछ खोते हैं बेटे / फिर ऐसा मौका न मिलेगा / जीवऽन भर पछताओगे / परीलोक को, बोलो बेटे / क्या कभी देख तुम पाओगे।

गोलू : *(सोचते हुए)* बात तो तुम ठीक करती हो, पर एक बात तो बताओ, तुम मुझे वहाँ पढ़ने के लिए तो नहीं कहोगी न?

परी : *(खिलखिला कर हँसते हुए)* बिल्कुल नहीं। वहां तुम घूमना-फिरना, चॉकलेट और मिठाइयों के पेड़ से मनचाही चीज़ें खाना। दूध की नदी में तैरना। सोने के पलंग पर सोना, फिर ढेर सारा उपहार लेकर वापस आ जाना। ठीक?

गोलू : *(हँसकर ताली बजाता है)* अरे वाऽऽह। तब तो जल्दी ले चलो मुझे! बड़ा मज़ा आएगा।

परी : चलो फिर!

(परी दोनों हाथ फैलाकर उड़ने का अभिनय करते हुए मंच के दो-तीन चक्कर लगाती है। गोलू परी के पीठ पकड़कर उसके पीछे दौड़ता है। इस बीच चार बच्चे हाथों में एक-एक तख्ती लेकर आते हैं और मंच के चारों ओर खड़े हो जाते हैं। एक तख्ती पर लिखा होता है- 'चॉकलेट का पेड़', दूसरी तख्ती पर- 'गुलाब जामुन का पेड़', तीसरी तख्ती पर 'बिस्किट का पेड़' और चौथी तख्ती पर लिखा है- 'दूध की नदी'। परी चक्कर लगाने के बाद मंच के बीच में रुक जाती है।)

परी : *(चारों ओर देखते हुए)* ये रहा परीलोक, जाओ घूमो-फिरो। चॉकलेट और मिठाइयां खाना और फिर मन भर जाए तो मेरे पास आ जाना। सोने के पलंग पर आराम करना, फिर तुमको तुम्हारे घर ले जाऊंगी। ठीऽक है?

गोलू : *(सिर हिलाते हुए)* बिल्कुल ठीऽऽक। अब मैं जाऊं?

परी : *(हँसकर)* जाओ गोलूऽ।

(गोलू एक-एक कर तख्ती पकड़े पात्रों के पास जाता है। परी उसे देख रही है और मुस्करा रही है।)

गोलू : अरे वाह! चॉकलेट का पेड़!! अरे, ये क्या? (हँसता है) गुलाब जामुन का भी पेड़ है? बिस्किट ही बिस्किट!! मज़ा आ गया। *(ताली बजाता है)* और ये क्या? दूध की नदी! (नीचे झांकने का अभिनय कर परी की ओर देख कर) परी रानी, दूध की नदी के किनारे में क्या चीज़ जमा है?

परी : तुम ही बताओ, दूध के ऊपर किस चीज़ की परत जमती है?

गोलू : *(सोचते हुए)* मलाई की!

परी : बस, ये मलाऽई है। मलाई खानी है?

गोलू : *(सिर हिलाकर)* हूँ।

परी : तो सोचो मत, निकालो और खाओ। मिठाई खाओ, चॉकलेट खाओ, बिस्कुट खाओ!

(गोलू हँसते हुए सिर हिलाता है। एक-एक कर सभी तख्तियों के पास जाता है और तोड़ कर खाने का अभिनय करता है। फिर दूध की नदी के पास जाकर चुल्लू से पीने का अभिनय करता है। पेट पर हाथ फेरकर डकार लेता है, और)

गोलू : बाप रे! बहुत खा लिया!! लगता है, पेट फूट जाएगा।

(पेट पकड़कर परी के पास आता है। चेहरे पर दर्द का भाव।)

गोलू : परी रानी, मेरे पेट में तो दर्द हो रहा है।

परी : देखो बेटे, लालच करना बुरी बात है। तुमको जितनी भूख थी, उतना ही खाना था। तुमने इतनी सारी मिठाइयां देखी और भूल गए कि अधिक खाना स्वास्थ्य के लिए हानिकारक है!

गोलू : *(दुखी होकर)* मुझे माफी कर दो परी रानी।

परी : *(मुस्कराती है)* तुम्हारा पेट दर्द अभी गायब हो जाएगा। ऐसा करो, तुम थोड़ी देर के लिए यहाँ सो जाओ। (परी छड़ी घुमाती है, फिर नीचे की ओर ऊँगली से इशारा करते हुए) तुम इस पलंग पर सो जाओ। अच्छी नींद आएगी। तुम जागोगे तो फिर वापस तुम्हारे घर ले चलूँगी।

(गोलू 'ठीक है' कहकर मंच पर लेट जाता है। परी अपने दोनों हाथ फैला कर उड़ने का अभिनय करते हुए मंच पर चारों ओर घूमती है। फिर रुककर गोलू के ऊपर पंखा घुमाने का अभिनय करती है। थोड़ी देर बाद गोलू उठता है। परी मुस्कराकर उसके सिर पर हाथ फेरती है। गोलू मुस्कराता है।)

परी : कहो, कैसा लगा परी लोक?

गोलू : बहुत अच्छा! (चिंतित होकर) लेकिन अब मुझे घर जाना है।

परी : ठीक है! जैसी तुम्हारी इच्छा। तो आओ मेरे साथ।

(परी दोनों हाथ पंखों की तरह हिलाती है। गोलू उसकी पीठ पकड़ लेता है। परी मंच के चारों ओर चक्कर लगाकर रुक जाती है। इस बीच तख्तियां पकड़े बच्चे पर्दे के पीछे चले जाते हैं।)

परी : लो, आ गया तुम्हारा घर! तुम यहीं सोए थे न?

गोलू : *(खुश होकर)* हां!

परी : तो फिर आराम से सो जाओ। मैं फिर आऊंगी तुम्हारे पास। तुम्हारे सपने में।

(परी जाने लगती है तो गोलू आवाज़ देता है।)

गोलू : परी रानी!

परी : *(पीछे मुड़कर पास आ जाती है)* क्या बात है, गोलू?

गोलू : ***परी रानी, मुझको अब तक,***
बात समझ न आई।
क्यों कर तुमने परी लोक की,
मुझको सैर कराई?

परी : *(हँसकर)* अच्छा... तो सुनो।

मैं अच्छे बच्चों को चाहूँ,
उनका रखती ध्यान।
जो पढ़ते-लिखते अच्छे से,
रखें बड़ों का मान।
जो न करते कभी लड़ाई
करते हैं बस प्यार।
बस उनको दिखलाती हूं मैं,
परियों का संसार।
गोलू, परियों का संसार।
दुम अच्छे बच्चे हो तब तो,
तुम्हारे पास आई।
बच्चों के सपनों की दुनिया
तुम्हें घुमा कर लाई।

(गोलू सोचता है, फिर कहता है।)

गोलू : *(हँसकर)* पर मैं तो अच्छा बच्चा नहीं हूँ। दिन भर खेलते रहता हूँ। पढ़ाई-लिखाई में मन नहीं लगता। सबसे लड़ते-झगड़ते भी रहता हूँ। हाँ, हमारे घर

के बगल में भी एक और गोलू रहता है। कहीं तुम उसी के पास तो नहीं आई थी? वह बहुत अच्छा लड़का है।

परी : नहीं, मैं तुम्हारी बात नहीं सुनूँगी। तुम्हारे पास कभी नहीं आऊँगी। मैं झूठे और शैतान बच्चों से दूर रहती हूँ। मैं तो अब दूसरे गोलू को रोज परीलोक की सैर कराऊँगी। मैं जा रही हूँ।

(परी तेजी के साथ प्रस्थान करती है। सूत्रधार का प्रवेश।)

सूत्रधार : ***देख परी को जाते गोलू,***
उसके पीछे भागा।
लेकिन परी हाथ न आई,
गोलू रहा अभागा।
गोलू रहा अभागा भइया,
गोलू रहा अभागा।

(गोलू 'परी रानीऽऽ परी रानीऽऽ' पुकारता चक्कर लगाता है और गिर पड़ता है।)

गोलू : परी रानी चली गई। *(रोते हुए)* परी रानी मुझसे रूठ कर चली गई। क्या अब परी सचमुच नहीं आएगी?

(मंच के पीछे से परी की आवाज़ गूंजती है। गोलू रोते हुए सुनता है। परी की गूंजती आवाज़- 'मैं हमेशा अच्छे बच्चों से प्यार करती हूं। उनको परी लोक की सैर कराती हूं। तुम गंदे हो गोलू...गंदे हो... गंदे हो। हरदम शैतानी करते रहते हो। मैं तुम्हारे पास कभी नहीं आऊंगी, कभी नहीं आऊंगी।')

गोलू : *(जोर से चिल्लाता है)* नहीं, परी आएगी जरूर आएगी मेरे पास। *(थोड़ा प्रसन्न होकर)* अगर मैं मन लगा कर पढ़ूंगा, मम्मी-डैडी का कहना मानूँगा, दोस्तों से लड़ाई-झगड़ा नहीं करूँगा, अपना समय बर्बाद नहीं करूँगा, तो एक दिन परी रानी ज़रूर आएगी। ज़रूर आएगी।

(गोलू इधर-उधर कुछ ढूँढ़ता है- 'कहाँ है मेरा बस्ता? शायद दूसरे कमरे में होगा। अब मैं मन लगा कर पढ़ूंगा। एक दिन बहुत बड़ा आदमी बनूंगा। खूब नाम कमाऊँगा।' संवाद पूरा करके गोलू का प्रस्थान। सूत्रधार गोलू को जाते हुए देखता है और फिर दर्शकों की ओर देखकर गाने लगता है।)

सूत्रधार : सुधर गया गोलू फिर बच्चों,
करने लगा पढ़ाई।
उसी रात सपने में उसके,
वही परी फिर आई।

जो बच्चे पढ़ते हैं भइया,
आगे को बढ़ते हैं भइया।
आगे वो बढ़ते हैं
और इस तरह-
गोलू और परी का किस्सा
खत्म हो गया भाई।
बोलो, अच्छे बच्चों की जय,
जय, जय अरे पढ़ाई,
भइया, जय, जय, अरे पढ़ाई।

(सूत्रधार हाथ जोड़ लेता है।)

पर्दा गिरता है।

❋❋

(5)

भाग गई बीमारी, गोलू बोला सॉरी

पात्र परिचय

गोलू और 10 साल का लड़का,
मम्मी, पापा और एक डॉक्टर
(15 साल तक के बच्चे या बड़े भी भूमिकाएं कर सकते हैं।)

पर्दा खुलता है

(कमरे का दृश्य। चाहे तो खूबसूरत ढंग से सजावट भी कर सकते हैं। वैसे मंच के सामान्य पर्दे से भी काम चल सकता है। मंच के बीचो-बीच एक खाट जरूरी। चाहे तो दो तीन कुर्सियां रखी जा सकती है। वैसे इसकी भी जरूरत नहीं।)

(गोलू का प्रवेश। वह मुस्कुराते हुए इधर-उधर देखता है। फिर मंच के किनारे आकर खुद से बातें करता है, नाटक की भाषा में से स्वगत-कथन कहते हैं।)

गोलू : आज तो स्कूल जाने का मन ही नहीं हो रहा है। लगता है, घर पर ही रहो। दिन भर सोऊँ और टी.वी. देखूं। लेकिन कैसे? मम्मी-पापा आते ही होंगे। पापा तो सीधे कान पकड़कर बोलेंगे (आवाज़ बदल कर) चलो, स्कूल के लिए तैयार हो जाओ! *(अपना कान पकड़कर सहलाते हुए)* पापा जिस तरह रोज मेरा कान खींचते हैं, उससे तो लगता है, एक दिन मेरा कान हाथी-कान हो जाएगा। *(हँसता है)* क्या करूँ, कोई सॉलिड बहाना भी तो नहीं सूझ रहा। *(सोचते हुए)* हाँ, यह ठीक रहेगा। पेट दर्द और सिरदर्द। दोनों एक साथ *(हँसता है) मंच के पीछे से आवाज़ उभरती है। आवाज़ दो-तीन बार गूँजे।)*

आवाज़ : गोलू! यह क्या... यह क्या... तुम झूठ बोलोगे?...बोलोगे... बोलोगे ...पढ़ाई से बचने के लिए?...बचने के लिए ...बचने के लिए... झूठ बोलोगे?...झूठ

बोलोगे.... बोलोगे...?

(गोलू चारों तरफ देखता है, फिर दर्शकों की ओर मुँह करके।)

गोलू : ये कौन था?... किसकी आवाज़ थी?...

आवाज : मैं तेरी आत्मा की आवाज़ हूँ। आत्मा की आवाज़ हूँ।...

गोलू : *(जोर-से हँसता है)* आत्मा की आवाज़? ह...ह...ह... मैं भी पागल हो गया हूँ। कैसी-कैसी आवाज़ सुनाई दे रही है। इस चक्कर में तो स्कूल जाना ही पड़ जाएगा, भइया। चलूँ, पेट दर्द का नाटक शुरू करूँ। मम्मी-पापा में कोई-न-कोई तो आता ही होगा।

(गोलू की मम्मी की तेज आवाज़ उभरती है - गोलू... ओ गोलू!... आवाज सुनकर गोलू खाट पर लेट जाता है और कराहता है।)

मम्मी : गोलू! अरे गोलू! तुम अभी तक तैयार नहीं हुए? आधे घंटे बाद बस आ जाएगी और तुम बिस्तर पर पड़े हो? भूल गए, अरली टू बेड एंड अर्ली टू राइज?

गोलू : *(चेहरे पर दर्द के भाव लाते हुए)* मम्मी, पेट में दर्द है। सिर भी दु:ख रहा है। आह...ऊ... अई...अऊ... अम... अह....।

मम्मी : क्या मेरे बेटे का पेट दर्द कर रहा है? अरे... अरे... अरे... अरे... च...च... च...कब से बेटे?

गोलू : आधे घंटे से!

मम्मी : *(मुस्कुराते हुए)* कहीं तुम्हारा यह दर्द स्कूल से छुट्टी लेने का बहाना तो नहीं?

गोलू : नहीं मम्मी, सचमुच बहुत दर्द है।

(गोलू कराहता है; उह...आह...आउच। तभी गोलू के पापा का प्रवेश।)

पापा : क्यों बेटे, तुम कराह क्यों रहे हो?

मम्मी : इसके पेट में दर्द है। ऐसा करते हैं, इसे आज स्कूल नहीं भेजते।

(गोलू के चेहरे पर शरारती मुस्कान। गोलू के पिता गोलू को गौर से देखते हैं, तो वह फिर से कराहने का नाटक करने लगता है। तिरछी नजर से पापा को देखता है, फिर आँखें मटकाता है। पापा, गोलू की मम्मी को इशारे से बुलाते हैं। दोनों मंच के किनारे खड़े होकर आपस में बातचीत करने का मूक अभिनय करते हैं फिर...)

पापा : ठीक है, तुम आज आराम कर लो लेकिन बेटा, जब तुम्हारा सिर और पेट दोनों दर्द कर रहा है तो डॉक्टर झटका को बुलवाना पड़ेगा। उनके एक इंजेक्शन से तुम्हारा दर्द छू-मंतर हो जाएगा। ठीक है न?

गोलू : इंजेक्शन!!! बाप रे! नहीं पापा, नो इंजेक्शन। प्लीज।

मम्मीं : नहीं बेटे, इंजेक्शन बहुत जरूरी है। इससे तुम्हें जल्दी आराम मिल जाएगा।

पापा : ठीक है, मैं यूँ गया और यूँ आया। *(मंच के किनारे आकर स्वगत-कथन अभी इसकी बहाने बाज़ी गोल करता हूँ।)* अरे, बचपन में जो बहानेबाज़ी मैं किया करता था, उसे मेरा बेटा करने लगा? ठहर जा बच्चू!

(प्रस्थान)

गोलू : *(स्वगत कथन)* आज तो बुरे फँसे। इंजेक्शन?

(रोनी सूरत बनाकर) मम्मी, मझे इंजेक्शन से डर लगता है।

मम्मी : बेटे, तुम्हें अपना दर्द ठीक करना है कि नहीं? डॉक्टर झटका ने बड़े-बड़े दर्द ठीक कर दिए हैं। उनके आने से तुम्हारा दर्द पूरी तरह गायब हो जाएगा।

(गोलू की मम्मी मुँह छिपाकर हँसती है। तभी डॉक्टर झटका के साथ गोलू के पापा का प्रवेश। डॉक्टर की आँखों का चश्मा नाक के नीचे तक लटकता हुआ। डॉक्टर के एक हाथ में दवाई की पेटी और दूसरे हाथ में एक फुट लंबाई इंजेक्शन।)

डॉक्टर : *(इंजेक्शन को आँखों के सामने रखे हुए आगे बढ़ता है)* कहाँ है मरीज?.. कहाँ है? *(गोलू की ओर देखते हुए गंभीर आवाज में)* हूँ, तो यह है। अब आएगा मजा। अभी ठीक किए देता हूँ इसको। हा...हा...हा... *(डॉक्टर गोलू की ओर मटकते हुए धीरे-धीरे बढ़ता है। गोलू चीखता है।)*

गोलू : पापा! मम्मी!! मैं इंजेक्शन नहीं लगवाऊँगा। बाप रे! इतना बड़ा इंजेक्शन?... लगता है पापा जानवरों के डॉक्टर को पकड़कर ले आए हैं।

डॉक्टर : *(क्या कहा)*, जानवरों का डॉक्टर? ठहर जा बच्चू। तेरे को तो मैं...

(डॉक्टर गोलू के पास पहुंचता है, तो गोलू खाट छोड़कर मंच के चारों ओर दौड़ता है। आगे-आगे गोलू, पीछे-पीछे डॉक्टर। खाट पर बैठे मम्मी-पापा हँसते हैं। दो चक्कर के बाद गोलू मम्मी के पास आकर रुक जाता है।)

गोलू : मम्मी.. पापा... मुझे डॉक्टर से बचाओ। प्लीज, मेरा पेट दर्द गायब हो गया है। अब सिरदर्द भी ठीक हो गया है। मैं... मैं पूरी तरह से ठीक हो गया हूं।

डॉक्टर : नहीं, जब तक मेरा इंजेक्शन नहीं लग जाता, तुम ठीक नहीं हो सकते। हा...हा...हा...!

(डॉक्टर गोलू का हाथ पकड़ता है। गोलू हाथ छुड़ाकर एक बार फिर दौड़ता है। डॉक्टर भी उसके पीछे-पीछे दौड़ता है। दोनों मंच का एक चक्कर लगाते हैं।)

गोलू : *(रोते हुए, हाथ जोड़कर)* मैं पूरी तरह से ठीक हो गया हूँ। मम्मी... पापा...

मैंने आप लोगों से झूठ कहा था कि मेरे पेट में दर्द हो रहा है। दरअसल आज स्कूल जाने का मूड ही नहीं था इसलिए दर्द का बहाना बना दिया था।

मम्मी-पापा : तो क्या तुम पूरी तरह से ठीक हो?

गोलू : हाँ, मैं अब एकदम ठीक हूँ। अब आप लोग डॉक्टर साहब को यहाँ से विदा कीजिए। इनको देखकर मेरी हालत पतली हो रही है। मुझे माफ कर दीजिए। मैंने आप लोगों से झूठ बोला। सॉरी पापा! सॉरी मम्मी!!

डॉक्टर : *(ठहाका लगाते हुए)* अरे, तुमने झूठ बोला, तुम्हारा दर्द नकली था। तो यह डॉक्टर कौन-सा असली है? तुम मरीज होने का नाटक कर रहे थे, तो मैं डॉक्टर होने का। हा... हा... हा...।

गोलू : *(चौंककर)* क्या? तो आप डॉक्टर झटका नहीं हैं, और यह इंजेक्शन?

डॉक्टर : *(हँसते हुए)* यस, आई एम नॉट डॉक्टर झटका। मैं तो यूँ ही तुम को झटका देने आ गया था। तुम्हारे पापा ने जब यह बताया कि तुम स्कूल जाने के नाम पर बहानेबाजी कर रहे हो, तो हम लोगों ने तुम को सबक सिखाने की ठानी और मैं बन गया डॉक्टर झटका। पिछली बार नाटक में मैं जानवरों को डॉक्टर बना था। तब का यह इंजेक्शन आज काम में आ गया।

(डॉक्टर और मम्मी-पापा हँसते हैं। गोलू सिर झुकाए खड़ा है।)

पापा : *(गोलू के कंधे पर हाथ रखकर)* बेटे, यह बहुत गलत बात है कि तुम स्कूल जाने से जी चुराने लगे हो।

मम्मी : *(सिर पर हाथ फिरते हुए)* गोलू बेटे, जो बच्चे पढ़ते हैं। वही आगे बढ़ते हैं। बहानेबाजी करने वाले बच्चे फिसड्डी रह जाते हैं। फेल हो जाते हैं इसलिए बेटा, आज से कसम खा लो कि पढ़ाई से बचने के लिए कभी झूठ का सहारा नहीं लोगे। गोलू: मुझे माफ कर दीजिए। अब मैं कभी भी ऐसा नहीं करूँगा।

डॉक्टर : शाबाश, बेटे शाबाश। लेकिन याद रखना, फिर कभी तुमने बीमारी का बहाना बनाया तो सचमुच का एक फुट लंबाई इंजेक्शन ले करके आऊंगा।

(सारे पात्र हँसते हैं।)

पर्दा गिरता है।

2003, मार्च (द्वितीय), बालहंस

❋❋

6

मैं भी पढ़ूँगा

पात्र- परिचय

(15-17 साल के बच्चे मैकप करके भूमिकाएँ कर सकते हैं।)

(1) ग्रामीण (उम्र 30-35 वर्ष)

(2) बच्चा (उम्र 5-6 वर्ष)

(3) युवक - 1 (उम्र-30-35 वर्ष के आसपास)

(4) युवक - 2 (उम्र-30-35 वर्ष के आसपास)

(5) युवक - 3 (उम्र-30-35 वर्ष के आसपास)

(6) युवक - 4 (उम्र-30-35 वर्ष के आसपास)

(7) सिपाही

(8) बुढ़िया

पर्दा खुलता है

(गाँव की सड़क का दृश्य। ग्रामीण छोटे बच्चे को पीट रहा है। बच्चा जोर-जोर से रो रहा है।)

ग्रामीण : क्या बोला? फिर से बोल! स्कूल जाएगा? पढ़-लिखकर बाप की छाती पर मूँग दलेगा? तेरी तो... तेरा बाप अंगूठाछाप... तेरे बाप का बाप अंगूठाछाप और तू पढ़कर बनेगा टिपटॉप?

बच्चा : *(रोते हुए)* मैं पढ़ूँगा... मैं पढ़ूँगा...

(तभी चार अन्य पात्रों का प्रवेश।)

युवक -1 : क्यों भाई, क्या बात है? लड़के की जान लोगे क्या?

युवक -2 : ठंडे दिमाग से काम लो। प्रेम से बात करो, ऐसी बानी बोलिए, मन का आपा खोय औरों को शीतल करे, आप हूँ शीतल होय।

ग्रामीण : आप लोग कौन हैं? मेरा बच्चा है। इसे मारूँ, पीटूँ आपसे मतलब?

युवक-3 : भई, तुम इसके बाप हो, या अभिशाप हो? बाप हो गए हो तो क्या पीटने का लाइसेंस मिल गया है?

(बाकी लोग हँसते हैं।)

युवक -1 : *(बच्चे से)* बेटे, क्या बात है। तुम्हारे पिता क्यों पीट रहे हैं?

बच्चा : *(सिसकते हुए)* मैं पढ़ना चाहता हूँ। मैं स्कूल जाऊँगा। बापू मना करते हैं?

(बच्चा रोने लगता है।)

युवक -2 : *(बच्चे को प्यार करते हुए)* तुम जाओगे स्कूल ज़रूर जाओगे। दूसरे बच्चों की तरह तुम भी पढ़ोगे। चिंता मत करो। *(ग्रामीण से बोलता है।)* क्यों भई, आपका बच्चा स्कूल जाना चाहता है तो उसे जाने क्यों नहीं देते। आज हर बच्चा पढ़ना चाहता है। नन्हे पढ़ेंगे तभी तो आगे बढ़ेंगे। वरना देख रहे हो न क्या हालत है बाकी बच्चों की। कितने बच्चे हैं गाँव के। पढ़ने-लिखने की बजाय खेतों में काम करते हैं या फिर पास के शहर में जाकर जूठन साफ करते हैं। अरे, ये लड़का पढ़ेगा तो पढ़-लिखकर कुछ बन जाएगा।

ग्रामीण : मुझे नहीं बनाना अपने बच्चे को। अरे, ये पढ़ेगा तो मेरी मदद कौन करेगा? खेत जाता हूँ तो ये लड़का गइया चराता है। मेरे लिए खाना लाता है। बीड़ी लाता है। ये ससुरा स्कूल जाएगा तो हमारे काम कौन करेगा? तुम करोगे? तुम करोगे या तुम?

तीनों युवक बोलते हैं; हम क्यों करेंगे?

ग्रामीण : *(हँसते हुए)* अब हुई न बोलती बंद? मेरा बेटा पढ़ने जाएगा तो तुम लोगों को मेरा काम करना होगा!

सिपाही : क्यों भाई, सड़क पर क्या लफड़ा हो रहा है? हम हैं मुच्छड़ सिंह लट्ठमार। सबको अंदर करना अपना काम, रघुपति राघव राजा राम।

ग्रामीण : देखिए न सिपाही जी, ये लोग मेरे बच्चे को बिगाड़ने की कोशिश कर रहे हैं। कहते हैं इसे स्कूल भेजो। अरे, स्कूल भेज दूंगा तो मेरा काम कौन करेगा?

सिपाही : हूँ। ठीक बोलते हो... ठीक बोलते हो। (मूंछें ऐंठते हुए) देखो, भई, ये अपने बच्चे को पढ़ाए-लिखाए, खेतों में गइया चरवाए, इससे तुमको क्या? तुम लोग हो कौन? इस गाँव में क्या कर रहे हो? *(चेहरे को गौर से देखता है)* कहीं तुम रायपुर के डकैत तो नहीं? मैंने पढ़ा था रायपुर से डकैती डालकर कुछ लोग फरार हो गए हैं। तुम लोग *(ठहाका लगाता है)* अरे वाह, मेरी तो

	अब तरक्की हो जाएगी। हवलदार बन जाऊँगा। चलो, बच्चू थाने चलो।
युवक-1 :	सिपाही जी, होश में आओ, हमको तुम्हारे एस.पी. साहब ने ही भेजा है। वह बता रहे थे गाँव में एक सिपाही है। पता करो उसका। कुछ काम-धाम नहीं करता और सबको धमकाते हुए घूमता है। कभी-कभार दारू भी पीता है। *(आदमी-2 की तरफ देखते हुए)* क्यों यार, क्या इसका हुलिया नहीं है न, जो एस.पी. साहब ने बताया था। चलो, अभी फोन लगाओ।
	(युवक-2 जेब से मोबाइल निकालकर नंबर दबाने लगता है। सिपाही घबराकर युवक-1 के पैरों पर गिर जाता है और गिड़गिड़ाने हुए कहता है।)
सिपाही :	अरे मेरे बाप, माफ कर दो। आ बैल मुझे मार वाली बात हो गई। बैठे ठाले लफड़े में फँस गया। भइया, माफ कर देना। मैं समझा तुम लोग...
आदमी-1 :	डकैत हैं!
आदमी-2 :	चोर हैं!!
आगमी-3 :	अपराधी हैं!!!
सिपाही :	न... नहीं... ऐसी बात नहीं... मैं तो बस... हाँ तो साहब (कड़क स्वर में) क्या कहा आपने? ये आदमी अपने बच्चे को मारता है... पीटता है? क्यों रे, तू इस मासूम की जान लेने पर तुला है। तेरी तो जै हो (ज़मीन पर डंडा पटकता है फिर बच्चे से)
सिपाही :	हाँ, बेटे, बोलो, क्या बात है?
बच्चा :	मैं पढ़ना चाहता हूँ। मेरा भी मन होता है पढ़ने का। सब बच्चे पढ़ते हैं। मैं भी पढ़ूँगा। मैं भी कुछ बनूँगा।
सिपाही :	*(मूंछ ऐंठकर)* हाँ, हाँ एक दिन तुम भी मेरी तरह महान आदमी बनोगे!
	(बच्चा रोने लगता है।)
सिपाही :	अब क्या हुआ?
बच्चा :	मैं सिपाही नहीं बनूँगा।
	(सभी हँसते हैं।)
सिपाही :	*(घुड़कते हुए)* क्यों रे, सिपाही क्यों नहीं बनेगा?
बच्चा :	क्योंकि सिपाही के हाथ में डंडा रहता है। मैं हाथों में बंसी रखना चाहता हूँ।
युवक-1 :	*(ग्रामीण से)* भाईजी, ये बच्चा बड़ा होनहार है। एक दिन यह बहुत बड़ा आदमी बनेगा। अभी यह कली है। इसे फूल बनने दो। इसकी खुशबू दूर-दूर तक फैलेगी।
	(युवक-1 किसी भी एक दर्शक से बात करेगा।)
युवक-1 :	*(दर्शक से)* क्यों भाई, आपका क्या ख्याल है? आपके घर का बच्चा भी

तो स्कूल जाता होगा?

दर्शक : जाता है साहब, बिल्कुल जाता है। खूब मन लगा कर पढ़ता भी है।

ग्रामीण : अब आप लोग बोलते हैं तो ठीक है। मैं कल से अपने बच्चे को स्कूल भेजूँगा। लेकिन एक बात बताइए...

युवक -2 : हाँ, हाँ, पूछो?

ग्रामीण : पढ़-लिखकर मेरा बेटा कौन-सा तीर मार लेगा? कितने आए और कितने गए। शहर में तो देखता हूँ पढ़े-लिखे बाबू और चपरासी। मेरा लड़का भी इससे ज्यादा क्या बनेगा?

युवक-1 : अरे भई, पढ़-लिखकर कोई बाबू या चपरासी नहीं बनता। वह देश का राष्ट्रपति भी बन सकता है राष्ट्रपति!

ग्रामीण : क्या...कह रहे है आप? राष्ट्रपति? अच्छा मज़ाक करते हैं आप लोग भी। *(हँसता है।)*

युवक -1 : मज़ाक नहीं, सच कहता हूँ। डॉ. अब्दुल कलाम का नाम सुना है?

ग्रामीण : ये कौन है? अच्छा-अच्छा, जो रामपुर में रहता है, वही अब्दुल? जानता हूँ? उसको क्या हो गया?

युवक -1 : *(हँसता है, बाकी सब ठहाके लगाते हैं।)* अरे मेरे भाई, ये रामपुर का अब्दुल नहीं। अपने देश के अब्दुल कलाम की बात कर रहा हूँ। ये देश के राष्ट्रपति थे। राष्ट्रपति मतलब समझ गए न? अपने देश का सबसे बड़ा मुखिया। हमारे राष्ट्रपति महोदय भी कभी गाँव में थे। उनके पिता भी अगर यही सोचते कि मेरा बेटा पढ़-लिखकर के क्या करेगा तो वह भी आज गाँव में ही रह जाते। लेकिन ऐसा नहीं हुआ। उनके पिता ने पढ़ाया और अब्दुल कलाम खूब पढ़े। बड़े भारी वैज्ञानिक बने और फिर देश के राष्ट्रपति। इसलिए भइया, पढ़ाई के महत्व को समझो और उसे स्कूल भेजो। न केवल अपने बच्चे को, वरन दूसरे बच्चों को भी स्कूल भेजो!

ग्रामीण : *(सोच में पड़ जाता है।)* बात में दम तो है भाई। लेकिन सबकी किस्मत तो ऐसी नहीं होती।

युवक -2 : किस्मत तो हम बनाते हैं। मेहनतकश आदमी खुद अपनी किस्मत लिखता है। हिम्मत करे तो इंसान क्या हो नहीं सकता।

ग्रामीण : ठीक कहते हैं। मतलब मेरा बेटा पढ़-लिखकर कुछ तो बनेगा ही न!

युवक -2 : भाई मेरे, राष्ट्रपति नहीं बनेगा, तो गाँव का पढ़ा-लिखा सरपंच तो बनेगा ही। आजकल न जाने कितने अंगूठाछाप पंच-सरपंच भरे पड़े हैं। काला

अक्षर भैंस बराबर। तुम्हारा लड़का पढ़-लिखकर अपने गाँव का भला करेगा। पंच-सरपंच बनेगा, गुरुजी भी बन सकता है। क्यों बेटे, तुम क्या बनोगे?

बच्चा : *(मुसकराकर)* मैं... मैं... तो गुरुजी बनूँगा और गाँव के हर बच्चे को पढ़ाऊँगा।

(ग्रामीण के चेहरे पर खुशी है। वह गर्व से इधर-उधर देखता है, फिर रोते हुए।)

ग्रामीण : कितना प्यारा है मेरा बच्चा। कितनी अच्छी इसकी सोच। मैंने इसकी पढ़ाई छुड़वा दी थी। कितना बड़ा पाप किया था मैंने कि अपने स्वारथ के लिए इसका जीवन बर्बाद कर रहा था। अब मैं इसे पढ़ाऊँगा, खूब पढ़ाऊँगा। अपनी बिटिया को भी स्कूल भेजूँगा। पढ़-लिखकर वह भी समझदार बनेगी। गाँव की तरक्की होगी।

युवक -3 : आपकी बातें सुनकर हम लोग धन्य हो गए। गाँव आए थे। गाँव को नज़दीक से देखने और आप जैसे लोग मिल गए तो मज़ा आ गया। आप जैसे लोग शहर में रहेंगे तो गाँव स्वर्ग बन जाएगा। हम लोग शहर जाकर बताएंगे कि गाँव में भी अब पढ़ाई-लिखाई करने वाले लोगों की कमी नहीं है। इतने प्यारे-प्यारे समझदार बच्चे भी यहाँ रहते हैं जो पढ़ने का महत्व समझते हैं। पढ़ने की ज़िद करते हैं। पढ़ने के लिए रोते हैं।

(तभी एक बूढ़ी औरत का प्रवेश। उसके हाथ पैर काँप रहे है। आवाज़ में कंपन भी है।)

बुढ़िया : बेटा... मैं भी पढ़ना चाहती हूँ... जीवन भर अंगूठा छाप रही इसलिए ठेकेदार ने खूब चूना लगाया। अब मैं उस ठेकेदार को चूना लगाना चाहती हूँ... बेटा मैं भी पढ़ूँगी। मेरा भी ख्याल रखना। मुझे पढ़ाओगे न?

(बुढ़िया खाँसती है। सारे पात्र हँसते हैं। बुढ़िया भी हँसती है।)

बच्चा : दाई, तुमको मैं पढ़ाऊँगा।

(सारे पात्र तालियाँ बजाते हैं। फिर चारों तरफ घूमते हुए मिलजुल कर गीत गाते हैं।)

आओ सुंदर देश बनाएँ।
हर बच्चे को आज पढ़ाएँ।।
बच्चे कल के हैं निर्माता,
उन पर कारा विचारें हम।

मूल्यवान बच्चों का जीवन,
मिलकर आज सँवारें हम।
कोमल हाथों में हो पुस्तक,
क्यों ये कंधे बोझ उठाएँ।।
लड़का-लड़की एक बराबर,
ऐसा देश बनाना है।
खुद भी महकें इस दुनिया को,
चंदन-सा महकाना है।
फूल हैं बच्चे, रंग भरें हम,
अपनी बगिया को महकाएँ।।
कोई घर अब छूट न जाए,
ऐसा फैले ज्ञान-प्रकाश।
अंधकार अज्ञान हटेगा,
मन में हो नूतन विश्वास।
आँगन-आँगन उजियारा हो,
हम ज्ञान के दीप जलाएँ।।
क्या गरीब, क्या पैसे वाले,
बच्चे तो भगवान हैं।
दर-दर घूम रहे जो वंचित,
भारत की संतान हैं।
फूल हैं सुंदर सारे बच्चे
हरगिज ये सब ना मुरझाएँ।
आओ सुंदर देश बनाएँ।

(गीत खत्म होने के बाद सारे पात्र दर्शकों के सामने हाथ जोड़कर खड़े हो जाते हैं।)

पर्दा गिरता है।

❋❋

7

रानी बिटिया ज़िंदाबाद

पात्र परिचय

एक बच्ची 10 से 15 साल की 4 बच्चे और 10 साल के एक पुरुष एवं महिला
(इनकी भूमिका 15 साल तक के बच्चे भी कर सकते हैं।)
आदमी 15 साल तक का (कोई बालक या कोई युवा भी हो सकता है।)

पर्दा खुलता है

(मंच पर चार बच्चे चार कोनों में खड़े हैं। उनके हाथों में एक-एक तख्ती है। उस पर लाल, गुलाबी, नीले और पीले रंगों में लिखा हुआ है, फूल। चारों बच्चे एक-दूसरे को देख कर मुस्कुरा रहे हैं। मुस्कुराते हुए उदास हो जाते हैं और एक-दूसरे के पास आकर बातचीत करते हैं।)

फूल-एक : क्या हाल है तेरा?

दो : बुरा हाल है भइया। कोई-न-कोई अब आता ही होगा हमें तोड़ने। मैं तो इसी चिंता में घुला जा रहा हूँ।

तीन : उई माँ! कितना दर्द होता है, जब कोई हमें तोड़ता है।

चार : ये लोग इतने कठोर क्यों होते हैं? हम जैसे नाजुक फूलों को तोड़ते हुए जरा भी नहीं सोचते कि हमें कितना दर्द होता होगा। है न?
(तभी एक फूल कुछ सुनने का अभिनय करता है। पर्दे पर कान लगाते हुए।)

फूल-एक : ठहरो! लगता है कोई मनुष्य आ रहा है। चुप हो जाओ रे!

फूल -दो : *(रोते हुए)* दैया रे, दैया! मुझे तोड़कर ले जाएगा। मुझे मार डालेगा। हाय! कोई हमें इस आदमी से बचाओ।

फूल-चार : चुपकर! आज नहीं तो कल तुझे टूटना ही है। चुपचाप टूटने के लिए तैयार हो जा। *(सारे फूल अपनी-अपनी जगह जाकर खड़े हो जाते हैं। मंच पर एक आदमी का प्रवेश।आदमी फूलों की तरफ देखते हुए।)*

आदमी : अहा! आ गया बगीचा। वाह! कितने सुंदर-सुंदर प्यारे-प्यारे फूल खिले हैं। *(दर्शकों की ओर देखकर)* क्यों भाई, ठीक बोल रहा हूँ न? *(फिर फूलों को देखकर)* हूँ, किसे तोड़ूँ, किसे छोड़ूँ? किसे मोड़ूँ?

(आदमी फूल-1 की तरफ बढ़ता है और उसे छूता है, तो फूल एक उसे चिकोटी काट लेता है।)

आदमी : अरे बाप रे! कांटा चुभ गया। बड़ा खतरनाक फूल है। देखकर तोड़ना पड़ेगा भाई।

(आदमी एक-एक फूल के पास जाता है और फूल चुनने का अभिनय करता है। सभी बच्चे अपनी अपनी जगह खड़े होकर चीखते हैं और आदमी को तोड़ने में मगन रहता है।)

फूल-एक : हमें मत तोड़ो मनुष्य।

दो : हमने तुम्हारा क्या बिगाड़ा है?

तीन : तुम हमारी पीड़ा सुनो।

चार : तुम हमारा दर्द सुनो।

सभी बच्चे : *(एक साथ)* हमें पेड़-पौधे की सुंदरता बने रहने दो। हमें मत तोड़ो... मत तोड़ो... मत तोड़ो...!

(आदमी फूलों को तोड़ने के बाद दर्शकों की तरफ देखकर।)

आदमी : ढेर सारे फूल हो गए। आज तो एक साथ दो-चार लोगों को खुश कर दूँगा।

फूल एक : किस-किस को खुश करेगा रे! हमें तो बर्बाद करके जा रहा है।

(आदमी चौंकता है। चारों तरफ देखता है।)

आदमी : ऐ, ये कौन बोला? अरे, यहाँ तो कोई नहीं है। (डरने का अभिनय) बाप रे! यहाँ कहीं भूत तो नहीं है? नहीं-नहीं! यहाँ भूत कैसे हो सकता है। दिन में भूत कहाँ दिखाई देते हैं। *(फिर सोचते हुए)* लेकिन भूत-ऊत तो होते ही नहीं। यह तो काल्पनिक है। हुँह, सब बेकार की बातें हैं। लेकिन यह आवाज कहाँ से आई थी।...*(हँसते हुए)* शायद मेरे मन की आवाज रही होगी। हूँ, मैं किस को खुश करूँगा? सबसे पहले तो भगवान के चरणों पर फूल चढ़ाऊँगा। वे खुश हो जाएँगे तो मेरा धंधा खूब बढ़ेगा। फिर *(शर्माते हुए)*अपनी घरवाली के जुड़े में लगाऊँगा। उसके बाद पुलिस वाले को दूँगा। बहुत तंग करता है। और जो बचेगा, उसे बैठे-बैठे सूँघता रहूँगा।

(ठहाका लगाते हुए प्रस्थान। फूल बने चारों बच्चे फिर एक-दूसरे के पास आ जाते हैं।)

फूल एक : *(कराहते हुए)* देखा, इस आदमी को? कितनी बेरहमी से उसने फूल तोड़े? अब तक दर्द हो रहा है।

फूल-दो : मेरी हालत भी तेरी तरह हो गई है, भइया। जाने कब सुधरेंगे ये लोग!

फूल-तीन : हमें संसार की शोभा बढ़ाने के लिए भेजा जाता है और सचमुच, हम फूल पेड़ पर कितने अच्छे लगते हैं। चारों तरफ का वातावरण भी कितना अच्छा रखते हैं। खुशबू से भर देते हैं। लेकिन हमें तोडक़र लोग बगीचे-के-बगीचे उजाड़ देते हैं।

फूल-चार : धिक्कार है मनुष्य पर। चलो, आदमी के खिलाफ नारे लगाएँ। बोलो, दुनिया के गंदे लोगों का...

सारे फूल : नाश हो...नाश हो...!

बच्चा एक : *(होठों पर उंगली रखते हुए)* श...श... खामोश होकर अपनी-अपनी जगह पर खड़ी हो जाओ। लगता है कोई मनुष्य आ रहा है।

(सभी बच्चे अपनी-अपनी जगह खड़े हो जाते हैं। तभी एक बच्ची का प्रवेश। बच्ची फूलों को देखकर खुश होती है।)

बच्ची : कितने सुंदल, सुंदल औल प्याले प्याले फूल खिले हैं। किसे तोड़ूँ, किसे छोड़ूँ, समझ में नहीं आ रहा है। वर्मा मैडम को लाल फूल अच्छा लगता है, मैडम पांडेय को पीला रंग पसंद है। यहाँ तो रंग-बिरंगे फूल खिले हुए हैं, किसे चुनूँ?

(बच्ची फूल-एक की तरफ बढ़ती है।)

फूल-एक : नहीं-नहीं, मुझे मत तोड़ो! मुझे मत तोड़ो!!

बच्ची : अरे! यह कौन बोला? *(चारों तरफ देखती हुई)* यह आवाज़ कहाँ से आई?

फूल- एक : मैं बोल रहा हूँ, मैं।

बच्ची : मैं मतलब कौन? तुम तो दिखाई नहीं दे रहे? कौन हो तुम?

फूल-एक : मैं हूँ छोटा-सा पौधा, जिसका फूल तुम तोड़ने आई हो! तुम्हारे सामने तो खड़ा हूँ। देखो!

(बच्ची फूल-एक को देखती है। फूल-एक मुस्कुराते हुए मंच के सामने आ जाता है।)

बच्ची : अरे! तुम चलने वाले पेड़ हो? तुम तो हमारी तरह बोल भी रहे हो? पेड़ तो चलते नहीं, बोलते भी नहीं, फिर तुम...?

फूल-एक : हम बच्चों को बहुत प्यार करते हैं। बच्चे भी कोमल होते हैं और हम फूल भी कोमल होते हैं इसलिए हम तुम जैसे प्यारे बच्चों को अपना ही बच्चा समझते हैं। तभी तो हम तुमसे बात कर रहे हैं। बड़े लोगों को हम अपना दुख-दर्द तो बता ही नहीं सकते।

बच्ची : क्या है तुम्हारा दु:ख फूल भइया?

(फूल बने तीनों बच्चे बच्ची के पास आकर एक साथ बोलते हैं।)

तीनों बच्चे : हमारा दु:ख है कि हमें खिलने के साथ ही तोड़ दिया जाता है। हम पैदा होते ही मर जाते हैं।

फूल-एक : हाँ, हम इस हरी-भरी धरती को देख नहीं पाते।

फूल-दो : हम अपनी खुशबू तक ठीक से नहीं बिखेर पाते।

फूल-तीन : हम इस धरती को रंग-बिरंगा रखना चाहते हैं, लेकिन ऐसा नहीं कर पाते।

फूल-चार : हम फूल भी चाहते हैं कि कुछ दिनों तक ये सुंदर दुनिया देख लें। तुम्हारे जैसे प्यारे बच्चों को देख लें। लेकिन दुनिया तो कठोर लोगों से भरी पड़ी है। हमें तो जन्म लेते ही मार दिया जाता है।

(चारों फूल रोते हैं। बच्ची एक-एक करके सब के पास जाती है और उन्हें चुप कराती है।)

बच्ची : मेरे फूल भाइयों, आप लोग रोइये मत। मैं आप लोगों के लिए ज़रूर कुछ-न-कुछ करूँगी। बताइए, आप लोग, क्या चाहते हैं?

(चारों फूल-पात्रों को चेहरों पर मुस्कान तैर जाती है।)

फूल-एक : बहना, हम लोग तो बस यही चाहते हैं कि हमें अपनी माँ से यानी अपने पौधे से अलग न किया जाए।

फूल-दो : तुम भी हमें मत तोड़ना।

फूल-तीन : और कोई दूसरा हम लोग को तोड़ने आए तो उनको तुम रोक देना। बस, इतना ही चाहते हैं हम लोग।

फूल-चार : अगर तुमने हमारा यह काम कर दिया तो हम खुश होकर अपनी ओर से तुमको एक प्यारी-सी चीज भेंट करेंगे।

बच्ची : *(खुश होकर)* वह क्या चीज है, जल्दी बताओ!

फूल एक : वह चीज है, फूल। हम तुम्हारे इस महान काम के लिए खुद एक फूल तुम्हें भेंट कर देंगे। लोग तो हमें बेरहमी से तोड़कर चले जाते हैं। हम खुद तुम्हारे चरणों पर फूल चढ़ा देंगे।

बच्ची : तुम लोग कितने अच्छे हो। आज के बाद से मैं न तो फूल तोडूँगी और न किसी को तोड़ने दूँगी। हाँ, देख लेना।

फूल-दो : अरे-अरे, चलो! अपनी-अपनी जगह पर खड़े हो जाओ। कोई आ रहा है।

(सारे बच्चे अपनी-अपनी जगह पर सावधान की मुद्रा में खड़े हो जाते हैं।)

(बच्ची हँसते भी सबको देखती है। बच्चे फूल वाली तख्ती हाथ में लेकर खड़े हो जाते हैं।)

बच्ची : *(हँसकर)* अरे! तुम लोग तो खामोश क्यों हो गए? मुझसे बात करो न! कितना अच्छा लग रहा था तुम्हारे साथ! क्या तुम लोग मुझसे नाराज हो गए हो? सच कहती हूँ, मैं तुम लोगों की पूरी रक्षा करूँगी। कसम से!

(तभी एक पुरुष और एक महिला का प्रवेश।)

पुरुष : अरे, यह रही अपनी रानी बिटिया।

महिला : क्यों बिटिया, तू तो फूल तोड़ने आई थी न? फिर इतनी देर कैसे लगा दी? हम लोग तो डर ही गए थे।

पुरुष : *(मुस्कराते हुए)* तुमने तो एक फूल तक नहीं तोड़ा। इतनी देर से यहाँ क्या कर रही थी? *(हँसकर)* क्या इन फूलों से बातें कर रही थी?

बच्ची : हाँ पापा। प्यारे फूलों से बातें कर रही थी और इनके दुख-दर्द को सुन रही थी।

महिला : *(हँसकर)* यह क्या बोल रही है बेटी? फूलों से बातें कैसे कर सकती है तू? ये तो चुपचाप खड़े हैं। ये बेचारे हम जैसे जीव थोड़ी न है जो बोलेंगे?

बच्ची : आप लोग माने या ना मानें, मैं तो इन्हीं प्यारे-प्यारे फूलों से अभी बातें कर रही थी। आप लोग आ गए तो ये बेचारे मौन हो गए।

(बच्ची उदास हो जाती है। महिला-पुरुष हँसते हैं।)

पुरुष : तू तो अच्छा मजाक कर लेती है बिटिया! चल, अब जल्दी से फूल तोड़ कर चलते हैं। पूजा करनी है। तुझे, भी तो अपनी मैडम के लिए फूल तोड़ना है न?

बच्ची : हाँ, तोड़ना तो था, लेकिन हम मैंने अपना इरादा बदल लिया है। अब मैं कभी फूल नहीं तोड़ूँगी। और आप लोगों से भी कहती हूँ कि आप लोग भी फूल न तोड़ें।

महिला : यह क्या बचकानी और बहकी-बहकी बातें कर रही है तू? वहाँ पूजा के लिए देरी हो रही है और तू है कि हम लोगों को ही समझाने बैठ गई? चल, जल्दी से फूल तोड़!

(महिला एक फूल की तरफ बढ़ती है तो बच्ची महिला का हाथ पकड़कर रोते हुए कहती है।)

बच्ची : नहीं-नहीं मम्मी, नहीं! इन बेचारे नन्हें और कोमल फूलों को मत तोड़ो। इनको दर्द देगा। मम्मी, ये बेचारे अभी-अभी तो खिले हैं और अभी-अभी टूट जाएँगे, तो इनके साथ ठीक नहीं होगा। देखो न, ये खिले फूल डाल पर कितने प्यारे दिख रहे हैं। प्लीज मम्मी! इनको मत तोड़िए। पापा, समझाइए न, मम्मी को।

पुरुष : *(महिला की ओर देखते हुए चिंतित-भाव से)* अपनी रानी बिटिया को कहीं किसी की नज़र तो नहीं लग गई? यह कैसी बहकी-बहकी बातें कर रही है, मेरी समझ में तो कुछ भी नहीं आ रहा।

बच्ची : आप लोग समझ ही नहीं सकते। लेकिन मैं समझ सकती हूँ। ये फूल, ये पौधे हम बच्चों से बातें करते हैं। बड़ों से घबराते हैं। इन लोगों ने मुझे अपना दुख अभी बताया है। मैं इन फूलों को कभी नहीं तोड़ूँगी।

महिला : लेकिन हमें तो तोड़ना ही पड़ेगा। हमें पूजा करनी है। जल्दी चलो!

बच्ची : नहीं मम्मी, बिना फूल के ही पूजा कीजिए। *(नीचे देखकर)* यहाँ जो कुछ फूल नीचे पड़े हैं, उन्हें उठाकर भगवान के चरणों पर चढ़ाइए। भगवान इसी में खुश हो जाएँगे।

महिला : बेटा! भगवान को ताजा फूल चढ़ाए जाते हैं।

बच्ची : लेकिन यह गलत है।

पुरुष : तुम गलत-सही करती रहो, हम तो फूल तोड़ेंगे। तुमको चलना है तो चलो हमारे साथ, वरना बैठी रहो यहीं।

बच्ची : *(रोते हुए)* ठीक है आप लोग तोड़ दीजिए फूल लेकिन इतना बता देती हूं कि मैं इस बगीचे में ही रह जाऊँगी। इन फूल पौधों के बीच। हमेशा इन्हीं के साथ रहूँगी। भूखी रहूँगी। कुछ नहीं खाऊँगी। अगर आप लोगों को यह शर्त मंजूर है तो आप लोग फूल जरूर तोड़िए।

(बच्ची रोने लगती है और एक फूल के पास जाकर बोलती है।)

बच्ची : फूल भाई, तुम डरना मत। अगर आज तुम लोगों को तोड़ा गया, तो मैं यहीं बैठ जाऊँगी खाना-पीना छोड़ दूँगी। देख लेना तुम लोग!

(बच्ची नीचे बैठ जाती है। महिला व पुरुष एक-दूसरे को देखते हैं और मुस्कुराते हैं, फिर बच्ची के पास आकर पुरुष।)

पुरुष : अच्छा बाबा, तुम जीती और हम लोग हारे। हम लोग वचन देते हैं कि अब कभी भी फूल नहीं तोड़ेंगे। बस, अब खुश?

महिला : चल बेटी, बहुत देर हो रही है। तू कहती है तो हम लोग फूल नहीं तोड़ेंगे, लेकिन बिटिया! केवल हमारे फूल न तोड़ने से क्या होगा? हम नहीं तोड़ेंगे तो कोई दूसरा आकर इनको तोड़ लेग।।

बच्ची : मम्मी! मैंने किसी किताब में पढ़ा था कि हम सुधरेंगे, तो युग बदलेगा। आज आप फूल नहीं तोड़ेंगे तो आपको देखकर कल दूसरे भी ऐसा करेंगे। और जो तोड़ेगा उन्हें मैं मना करूँगी, आप भी मना करेंगे।

महिला : *(हँसकर)* अच्छा मेरी दादी , लेकिन अभी तो चल।

बच्ची : *(हँसकर)* आप लोग चलिए, मैं अभी इन फूलों से,अपने भाइयों से बातें करके आती हूँ।

पुरुष : *(हँसते हुए)* जल्दी आना बेटे, हम तुम्हारा इंतजार कर रहे हैं।

(महिला और पुरुष नीचे झुककर फूल चुनने का अभिनय करते हैं और चले

जाते हैं। उनके जाते ही फूल बने बच्चे हुर्रे-हुर्रे करते हुए बच्ची के चारों तरफ नाचने लगते हैं।)

एक फूल : रानी बिटिया...

सारे फूल : जिंदाबाद... जिंदाबाद!!

(सब दो-तीन बार नारे लगाते हैं। बच्चे हंसता है।)

बच्ची : बस बस! भाई, बहुत हो गई नारेबाज़ी। अब मैं जा रही हूँ। फिर आऊँगी तुम लोगों के पास। अब तो मुझसे कोई शिकायत नहीं है न?

फूल एक : नहीं बहन। तुम तो हमारे लिए देवी की तरह यहाँ आई हो। अगर सारे बच्चे तुम्हारी तरह बन जाएँ तो क्या मजाल है कि हमें कोई तोड़ सके? तुम कोमल मन वाली हो इसलिए तुम समझ सकती हो कि जब हम लोगों को तोड़ा जाता है, तो हम कितना रोते होंगे।

बच्ची : अब तुम लोग बिल्कुल चिंता मत करना। कम-से-कम इस बगीचे के फूलों को तो मैं किसी को नहीं तोडऩे दूंगी। भले ही सब से मेरी कट्टी हो जाए, हां।

(सारे बच्चे खुश होते हैं। बच्ची हाथ हिलाते हुए चली जाती है। फूल बने पात्र पास आकर खड़े हो जाते हैं।)

फूल-एक : कितनी प्यारी बच्ची थी न!

फूल-दो : हाँ, देखो उसने हम लोगों की जान बचा दी।

फूल-तीन : मतलब सभी आदमी कठोर नहीं होते। है न! जैसे यह रानी बिटिया और इसके माता-पिता भी कितने अच्छे हैं।

फूल-चार : दुनिया के सारे लोग उसी तरह से अच्छे हो जाएँ, तो हम लोगों को कितना सुख मिलेगा। है न!

(सभी सिर हिलाते हैं। तभी एक फूल चौंककर मंच के पर्दे की तरफ कान लगाकर सुनने का अभिनय करते हुए कहता है।)

फूल एक : लगता है, कोई हमारी तरफ ही आ रहा है। चलो, अपनी-अपनी जगह पर खड़े हो जाएँ। हाय! फिर कोई हमें बर्बाद करने आ रहा है।

(सारे पात्र अपनी-अपनी जगह आकर खड़े हो जाते हैं।)

पर्दा गिरता है।

❋❋

8

लकड़हारा और पेड़

पात्र परिचय

पन्द्रह साल के दो बच्चे।
एक लकड़हारा, दूसरा पेड़ की भूमिका में।
कुछ बच्चे जानवरों के मुखोटे पहने।

पर्दा खुलता है

(मंच के बीचो-बीच एक लड़का हरे रंग के कपड़े पहने सावधान की मुद्रा में खड़ा है। उसके गले में एक तख्ती लटक रही है, जिस पर लिखा है- पेड़। लकड़हारा बने बालक का मंच में प्रवेश। उसके कंधे पर कुल्हाड़ी है। वह मंच के चारों ओर चक्कर काटते हुए लोक गीत गा रहा है। गाते-गाते पेड़ को देखता है और रुक जाता है।)

लकड़हारा : *(प्रसन्न होकर)* वाह! इस भरी दुपहरी में इतना छायादार पेड़? मजा आ गया। कुछ देर यहीं आराम कर लूँ। फिर जंगल की ओर जाऊँगा।

(लकड़हारा पेड़ के सामने बैठ जाता है। कुल्हाड़ी को पेड़ के पीछे रखता है और वहीं लेट जाता है। जोर-जोर से खर्राटे लेता है। अजीब- सी आवाजें निकालता है। पेड़ देखकर मुस्कुराता है और आशीर्वाद की मुद्रा में दोनों हाथ ऊपर उठाता है। जंगल का माहौल बनाने के लिए हिरन, खरगोश आदि जानवरों के मुखोटे पहने बच्चे इधर-उधर घूम रहे हैं। कुछ देर बाद लकड़हारा आंखें मलते हुए उठता है।)

लकड़हारा : अरे! मैं सो गया था? *(फिर इधर-उधर देखकर रोते हुए)* हाय-हाय! मेरी कुल्हाड़ी कहाँ चली गई? लोग क्या कहते हैं, जो सोवत है, वो खोवत है। गई... मेरी कुल्हाड़ी गई, लगता है। किसी ने चुरा ली। और सो बेटा

मनसुख। घर जाऊँगा तो घरवाली को कैसे मुँह दिखाऊँगा। वह तो डंडा लेकर दौड़ा देगी। क्या करूँ! कौन ले गया कुल्हाड़ी? *(चिल्लाता है)* अरे, कोई है? कोई है? *(मंच के सामने दर्शकों की ओर मुँह करके)*

क्यों भइया, आपने देखी मेरी कुल्हाड़ी? क्यों बाबूजी, क्या बता सकते हैं मेरी कुल्हाड़ी कौन ले गया? *(फिर अपने माथे पर हाथ मार कर हंसता है।)* धत्त तेरी की, हां याद आया, कुल्हाड़ी तो मैंने पीछे पेड़ के रख दी थी। *(पेड़ के पीछे रखी कुल्हाड़ी उठाकर हँसता है)* कितना भुलक्कड़ हो गया हूँ मैं। अब बगल में कुल्हाड़ी और जंगल में ढिंढोरा! चलो भाई, आगे जाना है। पेड़ काटना है। *(फिर पेड़ बने पात्र को गौर-से ऊपर से नीचे तक देखता है।)* अरे, यह पेड़ भी तो कितना अच्छा है। हरा-भरा। छायादार क्यों न इसे ही काट लूँ? *(मंच के चारों ओर देखते हुए)* यहाँ दूर-दूर तक कोई नहीं है। इसे ही काट लेता हूँ।

(पेड़ पर कुल्हाड़ी चलाने का अभिनय करता है। पेड़ बना पात्र चेहरे पर डर के भाव लाता है और कभी हाथ जोड़कर, तो कभी हाथ हिलाकर कुल्हाड़ी न चलाने का अभिनय करता है। मगर लकड़हारा कुल्हाड़ी चला रहा है। पेड़ बना पात्र अब बोल पड़ता है।)

पेड़ : ठहरो, ठहरो!

लकड़हारा : *(इधर-उधर देखते हुए)* यह कौन बोल रहा है? यहाँ तो कोई नहीं है।

पेड़ : मैंने आवाज दी है तुमको! जिस पेड़ को तुम काट रहे हो, यह उस पेड़ की आवाज़ है।

(पेड़ बना पात्र अपनी जगह से हटकर खड़ा हो जाता है।)

लकड़हारा : *(चौंककर)* तुम तो मेरी तरह ही बोल रहे हो, चल रहे हो? तु...तु ...तुम कौन हो? भूत तो नहीं?

पेड़ : *(हँसता है)* अरे, मैं भूत नहीं, पेड़ हूं पेड़! जिसके नीचे लेटकर तुम अभी खर्राटे भर रहे थे, मुझे इसलिए प्रकट होना पड़ा कि तुम बहुत गंदे इंसान हो। पापी हो। अरे, तुमको मैंने इतनी अच्छी छाया दी कि तुमने सुख की नींद ली। अपनी थकान मिटाई और जब तरोताजा हो गए, तो मुझे ही काटने पर तुल गए? हद है यह तो!

लकड़हारा : *(डरकर)* माफ कर देना पेड़ देवता, मुझसे बहुत बड़ी गलती हो गई। मैंने आप पर कुल्हाड़ी चलाई। मैं कान पकड़ता हूँ। उठक-बैठक करता हूँ। मुझे माफ कर दो। मैं आगे जाकर किसी दूसरे पेड़ को काट लूँगा।

पेड़ : (*जोर-से चीखता है*) खबरदार! जो किसी पेड़ को काटा तो? अरे, मूर्ख आदमी, क्या हो गया है तेरी बुद्धि को? जिसे देखो, पेड़ काटने पर तुला है। लोग नदी तालाब को सुखाकर मकान-दुकान बना रहे हैं, कारखाने लगा रहे हैं। बेरहमी के साथ पेड़ों को काट रहे हैं। चारों तरफ कितनी गर्मी पड़ रही है। आदमी भी जल रहा है। लेकिन उसके दिमाग में यह बात घुसती ही नहीं कि पेड़ों को बचाना चाहिए।

लकड़हारा : मुझको तो पेड़ काटने के पैसे मिलते हैं। पेड़ नहीं काटूँगा, तो भूखा मर जाऊँगा।

पेड़ : (*हँसता है*) अरे पागल! पैसे के लिए तू अपने हाथ-पैर काट डालेगा क्या? जंगल उजाड़ देगा? पैसा कमाना है तो कुछ दूसरे काम कर। मजदूरी कर। फसल उगा, फलदार पेड़ लगा और जब पेड़ में फल लग जाएं, तो उन्हें बेचकर पैसे कमा। (*आकाश की ओर देखकर हँसता है।*) अभी तुझे बहुत गर्मी लग रही होगी न?

लकड़हारा : हाँ, बहुत अधिक!

पेड़ : बताओ, तो क्यों?

लकड़हारा : क्योंकि तुम आदमी बनकर सामने आ गए हो। आप के पत्ते गायब हैं, तो छाया कहाँ से मिलेगी?

पेड़ : अब आई बात समझ में! देखा, एक पेड़ के बिना तू कितना परेशान हो गया? गर्मी के मारे पसीना-पसीना हो रहा है। फिर से पेड़ बन जाऊँ, तो तुझे राहत मिलेगी न?

लकड़हारा : बहुत अधिक राहत मिलेगी। जल्दी से पेड़ बन जाइए न।

पेड़ : (*गुस्से में*) नहीं, हरगिज नहीं। अब मैं पेड़ नहीं बनूँगा। तू गर्मी से झुलस कर मर! पेड़ काटने वाले की यही सजा है। हम तमाम पेड़ों ने यह तय किया है कि जैसे ही हम पर कोई कुल्हाड़ी चलाएगा, हम गायब हो जाएँगे। सोचो जरा, अगर दुनिया में कहीं पेड़ नहीं होंगे, तो तुम लोगों की क्या हालत होगी? (*जोर से हँसता है*) और जाने लगता है। लकड़हारा उसके पीछे-पीछे चलता है।

लकड़हारा : नहीं-नहीं, पेड़ देवता! मत जाओ!! मुझ पर दया करो। मैं कसम खाता हूँ, अब तुम पर क्या, किसी भी पेड़ पर कुल्हाड़ी नहीं चलाऊँगा। सचमुच पेड़ हमारे देवता हैं। पेड़ हमें छाया देते हैं। इन्हें काटना पाप है।

पेड़ : (*खुश होकर*) शाबाश! एक ही झटके में समझदार हो गए हो, बच्चू! तुम्हारे जैसे लाखों मूर्खों को अभी तक पेड़ का महत्व समझ में नहीं आया है।

जब पेड़ नहीं रहेंगे न, तब सब रोएँगे हमारे नाम से। जाओ, अब तुम खेती-किसानी करो। उससे पैसे कमाओ। पेड़ काटने की गलती कभी मत करना। अपने दूसरे साथियों को भी समझाओ, वरना सब-के-सब मारे जाओगे। एक दिन इतनी भीषण गर्मी पड़ेगी कि पेड़ की छाया के लिए तरस जाओगे। पानी के लिए तड़पोगे।

लकड़हारा : *(हाथ जोड़कर)* आप जैसा बोलेंगे, हम वैसा ही करेंगे।

पेड़ : तो फिर ठीक है। मैं वापस पेड़ बन जाता हूँ। *(इतना बोलकर पेड़ बना पात्र अपनी जगह आकर पहले की तरह सावधान मुद्रा में खड़ा हो जाता है। लकड़हारा पेड़ को हाथ जोडकर प्रणाम करता है, और पहले की तरह उसके नीचे लेट जाता है। थोड़ी देर बाद उठकर आँखें मलता है, और इधर-उधर देखता है।)*

लकड़हारा : *(मुस्कुराते हुए)* अरे, क्या मैं सपना देख रहा था? *(पेड़ को छूता है।)* पेड़ तो जहाँ-का-तहाँ खड़ा है। फिर...सपने में वह पेड़ देवता...?

(हँसता है) वाह! क्या सपना था। प्यारा सपना। सच बात तो है। हमें पेड़ क्यों काटना चाहिए? ये अमीर लोग हम जैसे गरीबों को थोड़े-बहुत पैसे देकर पेड़ कटवा लेते हैं। देखते-ही-देखते आसपास के सारे पेड़ कट गए। यह इतना अच्छा फिर बचा है, और मैं इसे ही काट रहा था? छि:!

(कुल्हाड़ी फेंक देता है।)

अब मैं ऐसी गलती कभी नहीं करूँगा। खेतों में काम करूँगा। कुछ पैसे तो कमा ही लूँगा।

(पेड़ की ओर देखकर।)

चलूँ, सेठ आएगा, डाँटेगा, फटकारेगा, तो फटकारेगा। अब मैं पेड़ नहीं काटूँगा। पेड़ हमारे माई बाप हैं। इसे काटना भारी पाप है।

(फिर वह पेड़ हमारे माई-बाप हैं, इन्हें काटना भारी पाप है... दोहराते जा रहा है। पेड़ बना पात्र मुस्कुराते हुए देख रहा है। दोनों हाथ ऊपर उठाकर देखता है।... अपना सिर हिला रहा है।... दोनों हाथ ऊपर कर लकड़हारे को आशीर्वाद दे रहा है। लकड़हारे का प्रस्थान। पेड़ बना पात्र अब मंच के सामने आकर दर्शकों से कहता है।)

पेड़ : इस लकड़हारे की खोपड़ी में तो बात आ गई। अब बाकी लोग भी समझदार हो जाएँ तो क्या कहना। आप मेरी बात से सहमत हैं न? पेड़ों का क्या महत्व है, यह तो किसी भी पढ़े-लिखे आदमी से मिलने पर वह बता देगा। गुरुजी

भी बता देंगे। माता-पिता भी। और तो और, अब गूगल बाबा भी हैं न! वहाँ जाकर भी पेड़ के बारे में, पर्यावरण के बारे में, जल संकट के बारे में सब कुछ जानकारी मिल जाएगी।

(अचानक ऊपर देख कुछ सोचते हुए।)

अरे बाप रे! मुझे तो पेड़ बन कर चुपचाप अपनी जगह खड़ा रहना था, मगर मैं यहाँ आकर डायलॉग मारने लगा? गुरुजी तो मेरी पिटाई कर देंगे। चलूँ, अपनी जगह पर खड़ा हो जाऊँ।

(पेड़ बना पात्र अपनी जगह आकर सावधान की मुद्रा में खड़ा हो जाता है। फिर तीन चार बच्चों का प्रवेश। तब लकड़हारा, पेड़ और जानवर बने पात्र मंच पर एक कतार में खड़े होकर गीत गाते हैं।)

हरे-भरे मतवाले पेड़
हम सबके रखवाले पेड़
हमको मत काटो कहते हैं
वर्षा लाने वाले पेड़।
रंग-बिरंगे फूलों के संग,
लदे हुए फल वाले पेड़।
पत्थर खाकर फल देते हैं,
देखो ये दिल वाले पेड़।
हरे-भरे मतवाले पेड़,
हम सबके रखवाले,
हम सबके रखवाले पेड़।

पर्दा गिरता है।

❋❋

9

रोज़ पीयेंगे दूध

पात्र परिचय

पापा-बीस साल के आसपास का युवक
राजू-पन्द्रह सोलह साल का किशोर
माँ-अठारह साल की लड़की,
जो साड़ी में मां की भूमिका में रहेगी।

पर्दा खुलता है

(राजू का प्रवेश। उसकी पीठ पर बस्ता है। राजू देखता है, माँ कुरसी में उदास बैठी है। सजा-सँवरा कमरा है। दीवार पर घड़ी टँगी है। जिसमें चार बज रहे हैं। राजू माँ के पास जाता है। माँ राजू को देख रही है।)

राजू : मां! क्या बात है, आज फिर तुम उदास बैठी हो? मेरी चिंता कर रही हो न? अरे, अब तो मैं खूब मन लगाकर पढ़ाई कर रहा हूं। देख लेना, एक दिन तेरा बेटा बहुत बड़ा आदमी बनेगा।

मां : मुझे तेरी चिंता नहीं। तू तो मेरा राजा बेटा है। मैं तो तेरे पापा को लेकर परेशान हूं। क्या करूं, कुछ समझ में नहीं आता।

राजू: किसलिए परेशान हो? रात को वे देर से आते हैं न, इसलिए?

माँ : इसलिए नहीं बेटा! मेरी चिंता उनकी नई आदत के कारण है। अब तुझे क्या बताऊँ, अभी कुछ दिनों से तेरे पापा रोज रात को शराब पीकर घर आने लगे हैं। तू तो जानता है न, कितने शराबियों को तूने देखा भी है। जब व्यक्ति शराब पीता है तो उसका दिमाग उसके बस में नहीं रहता। अजीब अजीब हरकतें करने लगता है इंसान।

राजू : सचमुच, यह तो बुरी बात है, माँ! मैंने पढ़ा भी है कि शराब पीना ठीक नहीं। उसे सेहत बर्बाद होती है, पैसे भी नष्ट होते हैं, घर की सुख-शांति भी चली जाती है।

(राजू अपना बस्ता एक कोने में रख देता है।)

राजू : क्या हो गया है पापा को? शराब तो बड़ी खराब चीज होती है। क्या उनको इतना भी पता नहीं?

(मां के चेहरे पर प्रसन्नता।)

माँ : शाबाश बेटे! तू कितना समझदार है। पर तेरे पापा भी समझें, तब तो कोई बात! मैं समझा-समझा कर हार गई। कुछ बोलती हूँ , तो लडने लगते हैं। कभी-कभी तो मारपीट भी करते हैं। कहते हैं, मेरा पैसा है,तुझे क्या।

राजू : *(सोच रहा है और बोलता है)* यह क्या हो रहा है पापा को।(राजू मां का हाथ पकड़ कर) चिंता न करो माँ! मैं पापा से बात करूँगा। उनको समझाऊँगा कि नशा करने से शान नहीं बढ़ती, यह नाश कर देता है।

मां: लेकिन वह तो मेरी ही नहीं सुनते तो भला तेरी क्या सुनेंगे? फिर भी तू बोल कर देखना। जहां काम आवे सुई, कहाँ करे तलवार।कई बार बड़े लोग बच्चों की बात अच्छे से समझ जाते हैं।

(राजू के चेहरे पर मुस्कान। उँगली आकाश की ओर उठाते हुए)

राजू : देख लेना माँ, मैं ऐसी बॉलिंग करूँगा कि पापा आउट हो जाएंगे। यानी शराब से तौबा कर लेंगे।

(मां के चेहरे पर मुस्कान और पूछने वाली मुद्रा में हाथ उठाते हए।)

मॉ : ऐसा क्या बोलेगा रे? मुझे भी तो बता!

राजू : पापा को आने दो, तब देखना अपने बेटे का कमाल! आजकल स्कूल में ड्रामा करने की तैयारी हो रही है। मैं बहुत अच्छा कलाकार हूं। स्कूल में सब मेरी तारीफ करते हैं। आज देखना, पिताजी के सामने कितना जोरदार नाटक करूंगा।

(दृश्य परिवर्तन के लिए मंच पर कुछ देर के लिए अंधेरा, फिर उजाला। राजू के पापा का प्रवेश। मां और राजू अपने स्थान पर बैठे हुए हैं। एक पात्र मंच के किनारे एक तख्ती लेकर खड़ा हो जाए, जिस पर लिखा हुआ है रात्रि दस बजे।)

(राजू के पापा लड़खड़ा रहे है। कमीज की दो बटन खुली हुई है। टाई भी आधी खुली। चेहरे पर उदासी। राजू आधा झुके पिता को संभाले हुए है। माँ दूर से देख रही है।)

राजू : देखो पापा सम्भल कर, गिर मत जाना!

पापा : अरे,नहीं गिरूँगा।... मुझे छोड़। ...हिच्च..सुनीता, खाना परोस। हिच्च... भूख लगी है।... राजू! तुम अब तक सोये नहीं? हिच्च...

राजू : आप से कुछ बात करनी है।

(पापा कुरसी पर बैठ जाते हैं)

पापाः *(चेहरे पर हँसी)* मुझसे बात करनी है? मैं भी तो सुनूँ, क्या बात करनी है तुझे। स्कूल की फीस चाहिए? हिच्च...

राजू . नाराज तो नहीं होंगे?

पापा : बिल्कुल नहीं। प्रॉमिस! बोलो, क्या बात है?

(पापा कुर्सी में बैठे हैं। सामने राजू खड़ा है। मां दरवाजे पर खड़ी हो कर देख रही है। पापा राजू को ध्यान से देख रहे हैं।

राजू : आप शराब पीना छोड़ दीजिए न। माँ कुछ बोलती नहीं , लेकिन आपकी आदत के कारण बेचारी बहुत दुखी रहती है।

पापा : *(पत्नी की ओर देखते हुए)* क्या करें,आदत पड़ गई है। पहले दोस्त ले जाते हैं। वे मुझे पहले फोकट में पिलाते थे। पहले एक पेग... फिर दो... फिर तीन... अब तो यह छूटने से रही।

राजू : तो फिर एक बात है। अगर आपने पीना नहीं छोड़ा, तो कल से मैं भी शुरू हो जाऊँगा।

(राजू के पापा राजू के कंधे पर हाथ रख कर बोलते हैं।)

पापा : अरे! ऐसा गजब मत करना, बेटे! मेरी तो आदत हो गई है। तू इससे दूर रहना। बहुत बुरी चीज है यह। और तू तो अभी बच्चा है। उसके बारे में सोचना भी पाप है।

राजू : नहीं, मैं तो पीऊँगा। कहते हैं, बेटा पिता के बताए रास्ते पर चलता है। आप पी रहे हैं मतलब यह कोई अच्छी चीज होगी, तो फिर मुझे क्यों रोक रहे हैं?

(राजू की बात सुनकर पापा की आंखों में आँसू आ जाते है। वह रोने लगते हैं।)

पापा : बेटा! शराब बहुत बुरी चीज है। मैं तो चाहता हूँ कि इसे छोड़ दूँ, पर शराब ही मुझे नहीं छोड़ रही। लेकिन इस खतरनाक चीज़ से तुझे दूर रहना है।

राजू : आप कसम खाओ कि कल से शराब नहीं पीयोगे, तो मैं भी कसम खाता हूँ कि शराब शब्द का इस्तेमाल भी नहीं करूंगा। वरना कल से मैं भी शुरू हो जाऊँगा।

(पापा की हँसी। सोचने लगते हैं और बोलते हैं।)

पापाः मेरा बेटा तो बड़ा कलाकार है।

पापा ; तू तो मेरा समझदार बेटा है। तेरी इच्छा के आगे मुझे झुकना पड़ रहा है। मैं कसम खाता हूं कि कल से बंद! बिल्कुल बंद! अपने बेटे को गलत राह पर

चलने से रोकने के लिए खुद पिता को त्याग करना पड़ता है।

राजू : *(हँसते हुए)* क्या बंद?... शराब न!

पापा: नहीं, तुझसे बात करना बंद। इतना छोटा-सा है मगर अपने पापा को ज्ञान बांटता है?

(राजू का चेहरा लटका हुआ है। यह देख कर पापा हँसते हैं।)

पापा : अरे, मैं तो मजाक कर रहा हूं मेरे बेटे। कल से सचमुच शराब बंद तो बंद! बहुत दिनों से इस बारे में मैं सोच भी रहा था। मेरे कारण तेरी मां को बहुत तकलीफ होती है। मेरे कितने पैसे शराब में बर्बाद हो गए। मेरी सेहत भी खराब रहने लगी। डॉक्टरों ने मना किया और समझाया भी कि इसी तरह पीते रहोगे तो एक दिन जान चली जाएगी।

(इतना बोल कर पापा राजू को गले लगा लेते हैं।)

पापा : लेकिन आज तुमने मुझे सोचने पर मजबूर कर दिया। मुझे नई राह दिखा दी। तेरी एक बात ने तो मेरा पूरा नशा उतार दिया।

(पापा अलमारी खोलते हैं। अलमारी से एक बोतल निकालते हैं।)

पापा : इस बोतल को अभी, इसी वक्त घर के बाहर फेंक कर आता हूं।

राजू : *(प्रसन्न होकर नाचने लगता है फिर बोलता है।)* थैंक यू पापा! माँ, सुन रही हो न, पापा क्या बोल रहे हैं?

माँ : हां, मेरे बेटे। सब सुन लिया और देख भी लिया। आज का दिन मेरे लिए खास हो गया है। तेरे पापा ने मेरा दिल जीत लिया। भगवान ने मेरी प्रार्थना सुन ली। जो काम मैं न कर सकी, वह तूने करके दिखा दिया। यही होते हैं लायक और समझदार बेटे।

(पापा पर्दे के पीछे जाते हैं और बोतल रख कर खाली हाथ लौटते हैं। राजू और मां एक दूसरे के कंधे पर हाथ रखे हुए खड़े हैं।)

पापा : आज से मैं अपने जीवन की नई कहानी लिखूँगा। ज़माना बदल रहा है। पहले बाप बेटे को रास्ता दिखाता था, अब बेटे बाप को रास्ता दिखा रहे हैं। शाबाश मेरे बेटे!

(पापा के चेहरे पर मुस्कान है। तीनों पात्र अलग-अलग खड़े हैं। सबके चेहरे पर हँसी है।)

पापा : *(हँसते हुए)* लेकिन... अब रात को मेरे पीने की आदत का क्या होगा?

माँ : आपकी पीने की आदत बनी रहेगी। अब आप रात को गाय का दूध पीया करेंगे, जिससे सेहत भी बनी रहेगी।

राजू :	बिल्कुल! मैं तो रोज पीता हूँ।
पापा :	*(दोनों को देखते हुए)* तो अब हम भी रोज दूध पीएँगे। सुना है देसी गाय का दूध बड़ा पौष्टिक होता है। शराब बंद और दूध शुरू।
	(राजू की मां के बाहर जाती हुई।
मां :	मैं अभी आई!
पापा :	क्या तुम दूध लेने जा रही हो न? ये हुई न कोई बात। जल्दी लाओ। बरसों हो गए दूध का स्वाद चखे। बेटे के लिए भी ले कर आना।
	(राजू हँसता हुआ पापा को देख रहा है। पापा भी राजू को देख रहे हैं।)

पर्दा गिरता है।

❋❋

(10)

अच्छी होली, सच्ची होली

पात्र परिचय

1 - राजू
2 - चिंटू
3 - सुनीति
4 - गीता

(सभी बच्चे पंद्रह साल तक की उम्र के हों। दो-तीन बड़े पात्र और भीड़ के लिए कुछ बच्चे। दस साल से छोटे हों तो और अच्छा।)

पर्दा खुलता है

मंच पर बच्चों का प्रवेश। सबके हाथों में पिचकारी है। एक-दो के हाथों में खाली बाल्टियाँ। बाल्टी से रंग भरने का नाटक करते हुए बच्चे होली है, होली है, का शोर मचाएँ। इधर-उधर दौड़ रहे हैं। एक-दूसर पर पिचकारी चला रहे हैं। सबके चेहरे पर रंग पुता है। बच्चे गा रहे हैं।)

बच्चे : ***होली है भई होली है***
बुरा न मानो होली है।
मस्ती और ठिठौली है,
होली है भई होली है।

चिंटू : अरे यार, ऐसे खाली-पीली रंग खेलने में मज़ा नहीं आ रहा। जब तक काला रंग न हो तो मज़ा नहीं आता। और वो भी कीचड़ वाला। क्यों ठीक कह रहा हूँ न?

सभी बच्चे : बिल्कुल ठीक कह रहे हो।

कोई एक बच्चा बोले : इसके लिए क्या करें, चिंटू भइया?

चिंटू : *(सोचते हुए)* चलो, चलते हैं, सड़कों के कीचड़ को उठाकर बाल्टी में भर लेंगे। फिर जो इधर से गुजरेगा, उस पर कीचड़ फेंकेंगे। मज़ा आएगा। मेरे पास तो वार्निश भी है। *(कुछ दिखाता है, फिर हँसकर बोले)* मैं तो सबको यही लगाता हूँ। फिर रगड़ते रहो मुँह कुछ दनों तक।

सुनीति : *(गंभीर स्वर में)* मुझे लगता है, यह सब ठीक बात नहीं। अँग्रेजी में होली का अर्थ होता है पवित्र। भइया, रंगों के त्योहार को बदरंग मत करो। होली में कीचड़ फेंकना, वार्निश पोतना, चेहरे पर कोई केमिकल लगाना बुरी बात है। इससे किसी का चेहरा खराब हो सकता है।

चिंटू : *(चेहरा लटका कर)* अरे यार, ये सुनीति तो क्लास टीचर की तरह भाषण देने लगी। सब कचरा कर देती है। हुँह। चलो, इसको तो यहीं छोड़ो। अपन तो अपना जुगाड़ करते हैं। कीचड़ वाली होली खेलते हैं।

(सारे बच्चे हिप-हिप हुर्रे करते हैं, फिर दौड़ते हुए मंच से चले जाते हैं। सुनीति उनको देखती है। फिर दर्शकों की ओर मुड़ कर बोलती है।)

सुनीति : आप ही बताइए भला, क्या यही है होली? किसी को परेशान करना, किसी पर कीचड़ मलना, किसी को नुकसान पहुँचाना? क्या इसी को कहते हैं त्योहार? होली तो रंग-बिरंगा त्योहार है। इसे कुछ लोग बदरंगा क्यों कर

देते हैं? समझ में नहीं आता।

(तभी होली है... का शोर मचाते हुए बच्चों की दूसरी टोली का प्रवेश इधर-उधर दौड़ कर मस्ती करती है। बच्चे एक दूसरे को रंग लगा रहे हैं। तभी सुनीति को देखकर रुक जाते हैं। और उसके पास आ जाते हैं।)

राजू : क्यों सुनीति, तुम होली नहीं खेल रही हो? सब मस्ती कर रहे हैं और तुम यहाँ अकेली खड़ी होकर क्या भजन कर रही हो? *(सभी बच्चे हँसते हैं)*

सुनीति : मैं भी होली खेलना चाहती हूँ। लेकिन मेरे साथी होली को गंदगी का त्योहार बनाना चाहते हैं। मुझे यह ठीक नहीं लगता, इसलिए मैं उनसे अलग हो गई। चिंटू और उसके साथी उधर कीचड़ की होली खेल रहे हैं। इट इज वेरी बैड।

राजू : अरे, उसे कौन ठीक कहेगा? हम लोग तो कभी भी कीचड़-वीचड़, वार्निश से होली नहीं खेलते। खतरनाक रंग भी नहीं लाते, न किसी पर लगाते। हमारे मम्मी-पापा ने हमें यही सिखाया है। क्या चिंटू के मम्मी-पापा समझदार नहीं हैं? देखो, हमारे पास कितने अच्छे-अच्छे रंग हैं, वो भी फूलों से बने। इसमें कोई कैमिकल नहीं है।

(फिर राजू सुनीति को पिचकारी मारता है।)

(सभी बच्चे कहते हैं) : होली है।

गीता : मेरे पास नेचुरल कलर ही है। सुनीति के गालों पर लगा देती हूँ। *(फिर सुनीति को रंग लगाती है)*

सुनीति : *(खुश होकर)* वाह, नेचुरल कलर, कितनी अच्छी बात है।

गीता : हाँ, हम लोग हर साल होली में फूलों को तोड़ कर उसका रंग बनाते हैं। तुमने कभी पलाश के फूल देखे हैं?

सुनीति : यू मीन टेसू?

गीता : यस, वही टेसू। उसे ही पलाश कहते हैं। हम लोग उसी से रंग बनाते हैं। अब तो नेचुरल कलर बाजार में भी मिल जाते हैं। ये रंग अच्छे लगते हैं, इनसे खुशबू भी आती है। धोने से निकल भी जाते हैं।

सभी बच्चे : अरे वा, यह तो बढ़िया है।

गीता : हाँ, इसको लगाने से होली का मज़ा बढ़ जाता है। कीचड़ से तो यही अच्छा है। हम लोगों को फूलों वाला रंग ही लगाना चाहिए।

सुनीति : वाह गीता, तुमने तो कमाल कर दिया। जरा मुझे भी तो अपना रंग दिखाओ।

गीता : *(शरारत भरी मुसकान के साथ)* हाँ-हाँ, देती हूँ, देती हूँ... ठहर जा, ठहर जा... *(दूसरी तरफ घूमती है। बाल्टी से रंग निकालने का अभिनय करती है। और सुनीति पर छोडने का अभिनय करती है। फिर सभी बच्चे शार मचाते हैं, होली है...। सुनीति भी कहती है, होली है।)*

सुनीति : *(दर्शकों की ओर देखते हुए)* काश, सभी बच्चे ऐसी ही होली खेलते। फूलों के रंग से। यही है शालीन होली। खतरनाक रंगों से दूर रहना चाहिए। न कीचड़, न वार्निश, न कोई केमिकल। *(फिर गीता की ओर देखते हुए)* बस, टेसू के रंगों वाली होली।

गीता : और टेसू न मिले तो कोई बात नहीं। दूसरे भी अच्छे रंग हैं, जिनमें कोई मिलावट नहीं। हम उनका उपयोग करें।

(तभी दो-तीन बड़े पात्रों का प्रवेश।)

एक पात्र : भई, तुम बच्चों ने तो कमाल ही कर दिया। जो काम हम लोग नहीं कर सके, वो तुमने कर दिखाया। वैरी गुड़, वैरी गुड। एक्सीलेंट जॉब।

गीता : जी अंकल, आप लोग ही तो कहते हैं न कि अच्छी-अच्छी किताबें पढ़ो, अच्छा लिटरेचर पढ़ो, साहित्य पढ़ो। अच्छे इंसान बनो। अच्छे लोगों के साथ रहो। इसीलिए हम भी *(गीता अब कुछ शर्माने का अभिनय करे)*

पात्र-2 : शाबाश...। अगर सभी बच्चे तुम्हारी तरह सोचने लगें तो क्या बात है। स्वर्ग बन जाएगा अपना देश, समाज। होली का त्योहार सचमुच होली यानी पवित्र बन जाएगा। चलो, हम सब मिल कर इसी तरह अच्छी होली, सच्ची होली खलते हैं।

(सारे बच्चे होली है, होली है कहते हुए एक-दूसरे पर रंग डालते हैं। चिंटू और उसकी टाली दूर से देखती है फिर धीरे-धीरे पास आकर होली है बोल उठती है। सभी बच्चे नाचने लगते हैं।)

सुनीति : *(दर्शकों से)* देखा आपने, कितना आनंद आ रहा है न? इसे ही तो कहते हैं, अच्छी होली, सच्ची होली, प्यारा होली। जहाँ रहे प्रेम की बोली। क्या आप सब भी खेलेंग न ऐसी ही शालीन होली? केमिकल वाले रंगों से दूर होकर फूलों वाले रंगों से होली? खेलेंगे? वाह...तो फिर नमस्ते।

पर्दा गिरता है।

❀❀

(11)

हम बच्चे हिंदुस्तान के

पात्र परिचय

-दस-बारह साल के छह बच्चे।

-सूत्रधार (पंद्रह-सोलह साल का। सुविधा हो तो कोई युवक भी हो सकता है।) गुरुजी, शराबी पिता एवं सेठ।

(नोट : कलाकारों की कमी हो तो एक ही पात्र सूत्रधार, गुरुजी, शराबी पिता एवं सेठ की भूमिका निभा सकता है।)

पर्दा खुलता है

(चार बच्चे लाल और काली शर्ट पहन कर दो बार मंच पर आएंगे।)

(सभी कलाकार मंच पर आते हैं और गीत गाते हैं।)

हम बच्चे हिंदुस्तान के, हम बच्चे हिंदुस्तान के।

अपना बचपन भी बचपन है, माना यह जीवन निर्धन है।

लेकिन हार नहीं मानेंगे, ऐसा ताकतवर ये मन है।
वीर-बहादुर बच्चे हम हैं, भारत देश महान के।। हम...
मेहनत करके पेट पालते, लेकिन हमको पढ़ना है।
हर बच्चे के जैसा हमको, भाग्य स्वयं का गढ़ना है।
मिले अगर सहयोग आपका, द्वार खुलेंगे ज्ञान के।। हम...
हमको नहीं मिला घर सुंदर, नहीं खिलौने मिल पाए।
हम हैं ऐसे फूल यहाँ जो, मुश्किल में ही खिल पाए।
हमको महकाओ तुम हरदम, फूल देश उद्यान के।। हम...

(गीत गाते हुए सारे पात्रों का प्रस्थान। फिर एक बच्चा मंच के किनारे आकर बैठ जाता है। चेहरे पर उदासी। आकाश की ओर निहार रहा है। तभी दूसरे बच्चे का प्रवेश।)

चंदू : क्यों रामू, क्या सोच रहा है?

रामू : यही सोच रहा हूँ यार कि कब मैं जूठन धोने वाली इस ज़िंदगी से बाहर निकलूँगा। मैं कब रोज़ाना स्कूल जा सकूँगा।

चंदू : इसमें कौन-सी बड़ी बात है भाग जा यहाँ से। मोटू सेठ तेरे पीछे छोड़े न भागेगा।

रामू : वो सब तो ठीक है चंदू, लेकिन होटल से भाग गया तो रोज के जो बीस रुपइय्या मिलते हैं, वे तो मारे जाएँगे न। माँ भी मुश्किल से तीस-चालीस रुपया कमाती है। बड़ी मुश्किल से घर चलता है।

चंदू : तो क्या सोचता है तू?

रामू : सोचता हूँ कि इधर होटल में काम भी करता रहूँ और पढ़ने का मौका भी मिलता रहे। ऐसा हो तो कितना अच्छा हो जाए, क्यों?

(तभी सेठ का प्रवेश। वह चिल्ला रहा है।)

सेठ : अबे चंदू और रामू के बच्चे, तुम लोग यहाँ क्या कर रहे हो, ऐं? *(पेट पर हाथ फेरते हुए डकार लेता है।)* प्लेटें कौन धोएगा रे, मेरा बाप?

चंदू : *(दर्शकों की ओर मुँह करके)* और नहीं तो क्या, मेरा बाप? हुँह, बड़ा आया है सेठ का बच्चा!

सेठ : क्यों बे, वहाँ खड़ा क्या बड़बड़ा रहा है? ज्यादा चर्बी चढ़ गयी है क्या? इधर आ साले। चार बित्ते का लड़का और आठ बित्ते की जबान? शैतान। बहुत टपर-टपर करने लगे हो तुम लोग। चलो, तुम सबकी खबर लेता हूँ।

(दोनों बच्चे चले जाते हैं।)

सेठ : *(दर्शकों से)* आजकल तो भलाई का ज़माना ही नहीं रहा भाया। हम सेठ दूसरों को चूना लगाते हैं और ये लड़के मुझको ही चूना लगाने में भिड़े थे। हे प्रभो, तू कहाँ है?

(सेठ का प्रस्थान। दूसरी ओर से चार बच्चों का प्रवेश। बच्चों की कमीज का रंग लाल है। कंधे पर बस्ता है। बच्चे शोर मचा रहे हैं। गोल-गोल घूम रहे हैं।)

सारे बच्चे : हाथी घोड़ा पालकी,
जै कन्हैया लाल की...
(या कुछ और भी बोल सकते हैं।)

बच्चा-1 : गोलू, आज तो पढ़ने का मन ही नहीं कर रहा था। अच्छा हुआ, अपन लोग झूठ बोल कर यहाँ चले आए।

बच्चा-2 : लेकिन तू ये सुना है न कि झूठ बोलना पाप है, नदी किनारे साँप है। वही तुम्हारा बाप है।

बच्चा-3 : हाँ यार, लेकिन क्या करें। पढ़ते-पढ़ते तो हम लोग बोर हो जाते हैं। पता नहीं, बड़े लोग हम बच्चों के पीछे हाथ धोकर क्यों पड़े रहते हैं। पढ़ो, पढ़ो, पढ़ो। अरे हरदम पढ़ते रहेंगे तो खेलेंगे-कूदेंगे कब? पढ़ते-पढ़ते टेंशन होने लगता है।

बच्चा : अपन लोग रोज़ गोल मार कर यहाँ आ जाया करेंगे। क्यों? सामने होटल भी है। पिज़्ज़ा-बर्गर खाएंगे और ऐश करेंगे।

बच्चा-2 : लेकिन यह तो गलत होगा। हमारे माता-पिता हमें पढ़ने के लिए भेजते हैं। हम पर पैसे खर्च करते हैं। वे सोचते हैं कि हम लोग पढ़-लिख कर एक दिन बहुत बड़े आदमी बनेंगे और हम लोग उन्हें धोखा दे रहे हैं।

बच्चा-1 : अरे टेंशन काहे को पालता है? अभी तो जरा मस्ती कर लें। वही गीत गाते हैं, मस्ती वाला।

बच्चा -2 : ए.बी.सी.डी. वाला गीत?

बच्चा-1 : हाँ। वही। चलो तो मैं शुरू करता हूँ। *(बच्चा गाता है। इस गीत की धुन तैयार हो जाए तो और बेहतर।)*

ए.बी.सी.डी. पढ़ते-पढ़ते हम तो हो गए बोर,
चलो बगीचे में चल कर के नाचें बन कर मोर।
(सभी बच्चे दोहराते हैं।)

बच्चा-2 : ***इक तो अपना बस्ता भारी, होमवर्क भी ज्यादा,***

बच्चा-3 : ***कैसे खेलें-कूदें बोलो, ट्यूशन भी है बाधा।***

बच्चा-4 : ***सब करते हैं मस्ती, हम तो कर न पाएँ शोर,***
चलो बगीचे में चल करके, नाचे बन के मोर।

सभी बच्चे : ए.बी.सी.डी. पढ़ते-पढ़ते हम तो....

(बाकी बच्चे हँसते हुए प्रस्थान कर जाते हैं। सूत्रधार का प्रवेश।)

सूत्रधार : देखा आपने। एक ओर वे बच्चे हैं, जिनके पास मौका है लेकिन वे पढ़ना ही नहीं चाहते और दूसरी ओर ऐसे बच्चे भी हैं, जो पढ़ना चाहते हैं लेकिन पढ़ नहीं पाते। ये नन्हें-नन्हें हाथ कहीं जूठे बर्तन साफ कर रहे हैं तो किसी कारखाने में अपनी आँखें कमजोर कर रहे हैं। या फिर अपनी उँगलियों का गला रहे हैं। आखिर इस दर्द की दवा क्या है? सोचिए। *(हाथ लहरा कर, काव्य-पाठ की शैली में)*

हम कौन थे क्या हो गए,
और क्या होंगे अभी।
अब न सुधरे तो अरे,
हम न सुधरेंगे कभी।

(मुसकराते हुए)

तालियाँ! अरे भई, तालियाँ बजाइए। हें...हें...इससे हमारे जैसे बड़े कलाकारों का हौसला बढ़ता है।

(सूत्रधार धन्यवाद कहते हुए प्रस्थान करता है। साधारण से कपड़े पहने हुए एक बच्चे का प्रवेश। कंधे पर बस्ता है। बच्चे के पीछे शराबी पिता का प्रवेश। वह इधर-उधर झूम रहा है। बच्चे को डाँट रहा है। बीच-बीच में पीटता भी है।)

शराबी पिता : *(लड़खड़ाती आवाज़)* क्या बोला रे, इसकूल जाएगा...? अरे, तेरा बाप कभी नहीं गया इसकूल...तेरे बाप का बाप इसकूल नहीं गया और तू...तू जाएगा इसकूल? हमारा पूरा खानदान निरक्षर भट्टाचार्य है। तू पढ़ लेगा तो कौन-सा तीर मार लेगा बे? अरे तू इसकूल जाएगा तो यहाँ का काम कौन करेगा? मैं करूँगा?

बेटा : पिताजी, जब मैं बड़ा हो जाऊँगा न तब मैं आपको कमा कर खिलाऊँगा। लेकिन अभी तो मुझे पढ़ने दो। पढ़-लिख कर के मैं बहुत बड़ा आदमी बनूँगा। भी तो कमा कर लाऊँगा।

पिता : अरे वाह, बड़ा आया है बड़ा आदमी बनने वाला। कित्ता बड़ा बनेगा रे तू? छह फुट, सात फुट कि दस फुट? *(दर्शकों की ओर देखते हुए हँसता है)*

बड़ा आदमी बनेगा, हुँह! देख तो रहा हूँ बड़े-बड़े लोगों को। *(फिर बच्चे से)* बकवास बंद कर। सीधे काम पर जा। वरना हाथ-पैर तोड़ दूँगा।

बेटा : *(रोते हुए)* पिताजी, आप काम क्यों नहीं करते। जब देखो दारू पीकर पड़े रहते हो?

पिता : *(बेटे को थप्पड़ मारता है)* अरे, दारू ही पीता हूँ, किसी का खून तो नहीं पीता? और तुझसे क्या मतलब? तू मेरा बेटा है। प्यारा बेटा, दुलारा बेटा। तेरा फर्ज है बाप की सेवा करना। जा बेटा, काम पर जा। इसकूल-फिसकूल छोड़... काम से रिश्ता जोड़।

(शराबी पिता लडख़ड़ाते हुए प्रस्थित)

बेटा : *(रोते हुए)* मैं...मैं...पढ़ना चाहता हूँ। लेकिन मेरे पिता मुझे पढ़ने नहीं देते। हर वक्त कहते हैं काम पर जा। पैसे कमा कर ला। लेकिन मैं पढ़ूँगा। जरूर पढ़ूँगा। मगर कैसे? मैं स्कूल जाऊँ कि काम पर? दोनों काम एक साथ कैसे कर सकता हूँ?

(सूत्रधार का प्रवेश। उसकी आँखों पर चश्मा है। यहाँ वह गुरुजी की भूमिका में है। वह बच्चे के कंधे पर हाथ रख कर बोलता है।)

सूत्रधार-गुरुजी : कर सकते हो बेटे, जरूर कर सकते हो। हिम्मत करे इंसान तो क्या हो नहीं सकता। अगर देश का हर कामकाजी बच्चा तुम्हारी तरह सोचने लगे तो यह देश स्वर्ग बन जाए, स्वर्ग। मैं तुम्हें पढ़ाऊँगा। तुम्हारे जैसे जितने बच्चे हैं न, उन सबको पढ़ाऊँगा। आखिर मैं शिक्षक हूँ। तुम कहाँ काम करते हो।

बेटा : जी, एक होटल में।

सूत्रधार-गुरुजी : तुम होटल से वापस कब लौटते हो?

बच्चा : जी, शाम को।

सूत्रधार-गुरुजी : ठीक है। मैं रोज शाम को एक घंटे तुम्हें पढ़ाऊँगा। मुझे पूरा भरोसा है कि तुम अच्छे नंबरों से पास होगे। मुझे तुम पर गर्व है। जाओ बेटे, बेफिक्र रहो। मैं तुम्हारे जैसे हर मेहनती लडक़े के साथ हूँ।

(बच्चे के चेहरे पर मुसकान है। बच्चे का प्रस्थान। सूत्रधार बच्चे को जाते देख रहा है। फिर चश्मा उतार कर जेब में रखते हुए।)

सूत्रधार : देखा आपने। बच्चे पढ़ना चाहते हैं। हर बच्चा पढ़ना चाहता है। हाँ, कुछ होते हैं शरारती, जो पढ़ने से जी चुराते हैं। *(दर्शकों की ओर देखकर)* यहाँ तो कोई ऐसा बच्चा नहीं है न? मुझे पूरा यकीन है कि नहीं होगा। ज्यादातर बच्चे मन लगा कर पढ़ते हैं भई। वे कुछ बनना चाहते हैं। हमें ऐसे बच्चों की चिंता करनी है। ये बच्चे ही देश के भाग्यविधाता हैं। लेकिन अभी तो हमें इनका भाग्य बनाना है। आइए, अब देखते हैं आगे। नाटक अभी जारी है।

(सूत्रधार का प्रस्थान। पहले वाले चार बच्चों का प्रवेश। सबके कंधे पर बस्ता है। इस बार उनकी शर्ट को रंग काला है। बच्चे मस्ती कर रहे हैं। इधर-उधर दौड़ रहे हैं। तभी सूट-बूट पहने एक युवक का प्रवेश। उसके साथ एक और पात्र है जो गूंगा-बहरा है। उसके दोनों हाथ भी नहीं हैं। इसे स्पष्ट करने के लिए पात्र बीच-बीच भाव- भंगिमाओं के सहारे अभिनय के सहारे बात करे। इन दो पात्रों को देख कर सारे बच्चे खामोश हो जाते हैं।)

युवक : ये क्या धमा-चौकड़ी मचा रहे हो तुम लोग यहाँ पर? शर्म नहीं आती? लगता है तुम लोग स्कूल से भाग कर यहाँ आए हो। *(एक बच्चे का कान पकड़ कर।)* क्यों, सच बोल रहा हूँ न।

बच्चा-1 : जी।

युवक : क्या स्कूल काटता है तुम लोगों को?

बच्चा : हमको पढ़ना बिल्कुल अच्छा नहीं लगता। विज्ञान पढ़ो, गणित पढ़ो, भूगोल पढ़ो, अंग्रेज़ी पढ़ो। बाप रे। कितना कुछ तो पढ़ना पड़ता है। इससे अच्छा है किसी होटल में काम कर लो।

युवक : *(चीखते हुए)* खामोश! मूर्खों जैसी बातें मत करो। मैं जब छोटा था न, तब मेरा मन भी पढ़ने में नहीं लगता था। लेकिन एक दिन मैंने ठान लिया कि पढ़ूँगा। अपना ध्यान इधर-उधर नहीं लगाऊँगा। मेरे कुछ साथी भी स्कूल से भाग जाते थे। वे भी किसी होटल में काम करते थे या फिर कहीं और। लेकिन में रात दिन पढ़ने में लगा। मैंने भी इधर-उधर काम किए लेकिन अपनी पढ़ाई नहीं छोड़ी। घर के लोग भी चाहते थे कि पढ़ाई छोड़ दूँ,कहीं नौकरी कर लूँ लेकिन मैंने किसी की नहीं सुनी। लोग चोरी-छिपे बुरे काम करते हैं। मैं चोरी-छिपे पढ़ने का काम करता था। और आज मेरी मेहनत रंग लाई।

बच्चा-1 : आप तो काफी बड़े साहब लगते हैं।

युवक : *(हँसते हुए)* कोई बड़ा साहब नहीं होता। बहुत बड़ा तो होता है सिर्फ इंसान। हमें इंसान बनना है। पढ़-लिख कर इंसान बन गया हूँ बस। मैं यहाँ से गुजर रहा था। तुम लोगों को देखा तो समझ गया कि तुम लोग पढ़ाई से जी चुराने वाले बच्चे हो, और गरीब बस्ती के बच्चे हो। मैं भी तुम्हारी तरह गरीबी में पला-बढ़ा हूँ। इसीलिए मेरा फर्ज था कि मैं तुम लोगों को समझाऊँ।

चारों बच्चे : *(एक साथ)* आप भी हमारी तरह गंदी बस्ती में रहते थे?

युवक : हाँ। मैं भी तुम लोगों की तरह वर्षों तक पास वाली बस्ती में रहा। माँ मजदूरी करती थी। पिता बीमार रहते थे। मुझे भी काम करना पड़ता था। घर चलाना

मुश्किल था। जब मैं पहली कक्षा में था, तभी से काम करना शुरू कर दिया था। आकाश में हवाई जहाज को उड़ते हुए देखता था तो खुशी से चिल्लाता था, चील गाड़ी...चील गाड़ी। मेरा सपना था कि एक दिन बड़ा होकर इस चील गाड़ी में दुनिया की सैर करूँगा। आज यह सपना पूरा हो गया है। सिर्फ इसलिए कि मैंने खूब मन लगाकर पढ़ाई की। मन लगा कर।

बच्चा-2 : आपके समय की बात और थी। आजकल तो...

युवक : ऐसा कुछ नहीं है। बच्चो, परेशानियाँ तो कल भी थीं और आज भी है। जब तक ज़िंदगी है परेशानियाँ बनी रहेंगी। बस, हम लोगों को हिम्मत से काम लेना चाहिए। मैं जब तुम लोगों के बराबर था न तो, न जाने कितनी मुसीबतों का सामना किया। लेकिन हिम्मत नहीं हारी। बस, आगे बढ़ता रहा, बढ़ता रहा। इन्हें देखो, *(गूंगे-बहरे पात्र की ओर इशारा करते हुए)* इनका नाम सुरेश है। बचपन से ही ये न तो देख सकते हैं और न ही सुन सकते हैं। तुम देख रहे हो कि इनके दोनों हाथ भी नहीं हैं। लेकिन इन्होंने हिम्मत नहीं हारी। इंदौर में पढ़ाई कर रहे हैं। और इनका सपना है कि एक दिन कुछ बन के, कुछ करके दिखाएँगे। ये अपना सारा काम पैरों के सहारे करते हैं।

बच्चा-3 : *(खुश होकर)* तो क्या हम लोग भी आपकी तरह बड़ा आदमी बन सकते हैं? क्या हम भी इस गंदे माहौल से छुटकारा पा सकते हैं?

युवक : जरूर पा सकते हैं। बशर्ते तुम लोग हौसला बनाए रखो। मन लगा कर पढ़ो। जीवन में गरीबी कभी आड़े नहीं आती। आड़े आती है तो हमारी कमजोरी। हमारा आलस। समझे न?

बच्चा-3 : भइया, हमें माफ कर दो। कल से हम रोज स्कूल जाया करेंगे। कहीं काम भी करना पड़े तो पीछे नहीं हटेंगे। हम पढ़ेंगे। मन लगा कर पढ़ेंगे। एक दिन हम भी आप की तरह अपनी बस्ती का नाम रौशन करेंगे।

युवक : शाबाश! अब मुझे पूरा विश्वास है कि हमारे गरीब बच्चे भी ज़िंदगी में कुछ करके जरूर दिखाएँगे। किसी कवि ने कहा है न कि

जहाजों को डुबा दे जो उसे तूफान कहते हैं।
तूफानों से जो टकराए, उसे इंसान कहते हैं।
तुम लोग भी ऐसे इंसान बनो।

(जेब से चॉकलेट निकाल कर बाँटता है) लो, चॉकलेट खाओ और कल से रोज स्कूल जाओ। कुछ बच्चे गुटका खाते हैं, सिगरेट पीते हैं। ये सब गलत काम बंद करने वाला बच्चा ही बड़ा होकर चील-गाड़ी में बैठने लायक बनेगा, समझ गए न?

सारे बच्चे : जी।

(बच्चे अपने-अपने बस्ते उठाकर प्रस्थित। युवक का भी प्रस्थान। सूत्रध का प्रवेश।)

सूत्रधार : मित्रो! मैंने हमेशा इस बात का अनुभव किया है कि बच्चे पढ़ना चाहते हैं। लेकिन कभी-कभी हालात ही ऐसे हो जाते हैं कि किसी-किसी को बीच में ही पढ़ाई छोड़ देनी पड़ती है। किसी-किसी को पढ़ाई से भी अरुचि हो जाती है। लेकिन बच्चों को प्रेरित करने की भी जरूरत है। बच्चे भी एक बात गाँठ बाँध लें। पढ़ने से दूर भागने वाले बच्चे अच्छे जीवन से ही दूर चले जाते हैं। कोई अपराधी बन जाता तो कोई जीवन भर मजदूरी करते हुए अपने आपको ही कोसता रह जाता है। अगर कभी आपके आसपास कोई गरीब, भटका बच्चा हो तो उसे पढ़ने के लिए जरूर प्रेरित करें। यह पुण्य का काम है। *(घड़ी देखता है)* अरे, मेरा तो टाइम हो गया। जा रहा हूँ। मजदूरी करने वाले बच्चों को पढ़ाना है न। *(जाने लगता है और रुकता है और मुसकराते हुए)* क्या कहा, कितनी फीस लेता हूँ? अच्छा सवाल है। फीस तो लेता हूँ। फोकट में पढ़ाओ तो लोग समझते हैं कि मूर्खानंद है। मैं पैसे लूँगा। जरूर लूँगा। लेकिन अभी नहीं। जब मेरे छात्र पढ़-लिख कर काम करने लगेंगे तो मैं खुद जाकर माँग लूँगा अपनी गुरु-दक्षिणा। लेकिन अभी तो मुझे ही मदद करनी है इनकी। और हाँ, आप लोगों को भी करनी है मदद। चलूँ। नमस्कार। लेकिन जाते-जाते बच्चों का गीत तो सुनते जाइए। हमारे निर्देशक जी ने अच्छी धुन बनाई है।

(सारे पात्र एकत्र होकर गाते हैं)

हमको भी बस मिले आपका,
प्यार और विश्वास।
यहाँ-वहाँ हर बस्ती में हैं,
बच्चों की भरमार।
ध्यान रखे इन बच्चों का बस,
ये समाज, सरकार।
दूत हैं हम तो इस धरती में,
अल्ला और भगवान के।
हम बच्चे हिंदुस्तान के...

पर्दा गिरता है।

❋❋